言《こと》霊《だま》で解く ミロクの大原理

福島教義
Noriyoshi Fukushima

たま出版

まえがき

人類史上、初めて本格的な神の創造を書かせていただきました。

〝神は光なり言霊なり〟がわかる時が来ました。コトバや文字は、神が「アイウエオ」・「ヒフミ」を根源語として統一してつくられていますから、コトバには神のみ意がのっています。宇宙の創成と受精卵の発生は「火・水」・「陽・陰」の「タテ・ヨコ」（「無」→「有」）のムスビの無限力です。このため「火・水・土」の相似で土を産む地球が誕生、受精卵は生殖細胞の「土」で出来ていきます。

受精卵が宇宙創成の原点に還《かえ》って「精子・卵子」（「火・水」）のムスビでつくられたあと、「陽・陰」のムスビで生命発生の原点に還って腸（植物は根）の繊毛で赤血球がつくられ、「火・水・土」で血（土）肉化します。

食べたもの（「陰」）が血となるには、神のみ光・「陽」が必要です。ホ乳類では、千島喜久男氏の理論通り、赤血球（左型アミノ酸）の中にＤＮＡ（右型核酸）が生じてきます。「左先・右後」。

タテは「陽」・「火」・「日」・「霊《チ》」＝「ヒ」。「チ」＝血。

既成理論では、ヨコだけの物質が化学進化して生命誕生ですから、具体化した遺伝子とタンパク質が生命現象の基本で、赤血球はＤＮＡがなくなった老化現象。ヨコだけの細胞分裂一辺倒だからです。「右先・左後」。

土は、ＥＭのような善玉菌と植物と一体でつくられています。植物の生命力、ネ（根）力の神秘を説明するため、ニンジンの根の組織の小片を培養して、一度分化した植物の細胞の一個にも個体発生の全能性が保たれていることを実証した画期的なスチュワード（一九六三年）の実験があります。ニンジンの組織塊からはずれてきた、一個ないし数個の細胞が増殖してハート型と魚雷型の不定胚が形成されました。胚が出来るのは、「火・水」のムスビの力です。

動物は善玉菌を体内に取り込んだ形となっているため、生後は腸内に善玉菌が出現します。

「霊・心・体」で土の霊が〝先〟にあって動物の霊体と一体でつくられているからです。

「ヒフミ」（「一・二・三」）に啓示されているご経綸を見て下さい。

「ヒフミ」
一 二 三 四 五 六 七 八 九 十
ミロク（「火・水・土」）
メシア　神性化（神・人合一、自然・人一体）

ミロクの大原理の前にメシア（救世主）がおられます。イエスの預言「真理のみ霊が世に降りて汝らに真理を述べん」の通り、創造神からメシアがいただかれた、「二」の世では明らかにされなかったご神示やおコトバに導かれてミロクの大原理を書かせていただきました。

「八」は腸や根の繊毛で赤血球がつくられ、「九」は自然（土）・人一体のEMのドッキングでした。「八」は「二」から「三」への天意の転換（三十七年）からメシア（12）・ミロク（18）を足した三位一体のミロク三十字となっています。「八」は創造神（「ス」）の主座建立から「陽」（「ラ」）のヒラ（ア）クの八年。「九」は同十七年の神成る（十七）、「十」は同十八年（ミロク）です。

マコト科学を智るには、土を取り込んだヘソと一体の至善（自然）の神学を学ばねばなりません。

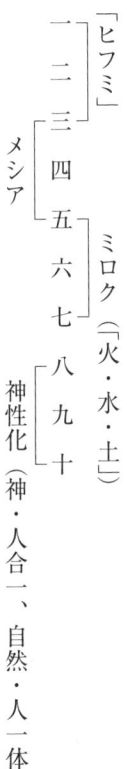

ヘソは胎盤（卵子の生殖細胞）が子宮に〃根〃をおろし、母胎から赤血球をもらい、胎児特有の赤血球をつくっています。

「ヘソの緒を使う胎児の血液循環」（本文で参照）を見ても、酸素の多い新しい血液が胎盤を通って胎児の本体の方へ、逆に二酸化炭素の多い血液が戻っています。

胎児の赤血球のヘモグロビン（赤血球の主成分）は、肺呼吸の赤血球と比べて特に酸素を捕捉しやすいものになっています。造血と呼吸は密接で一体です。

新生児は産声とともに多機能の〝体外器官〟から離れ、胎盤造血から小腸造血へ、胎盤呼吸から肺呼吸へ――血液の循環をはじめ、生理的な大変動が起こります。

言霊《ことだま》で解くミロクの大原理　目次

第四章　ジングルベル（神来電鈴）は鳴りわたる

第一章

総論――「無」から「有」の神へ。創造と経綸

いよいよ脚光浴びる「千島学説」

二十一世紀を迎え、人類はいよいよ物質文明から神・人、自然・人一体の新文明へ移行する本番・インとなりました。神の「無」→「有」の創造とともに神界の写し絵、地上天国の極楽浄土を地球上に建設しようという神の「ヒフミ」（「一二三」）のご経綸が明らかになったからです。神の創造は「無」→「有」ですから、素粒子よりケタ違いに小さい極微粒子の物質化があった、またある――ということです。宇宙物理学および生物学の理解でも、ともに大宇宙は「無」からつくられ、生命はヒトの場合「無」の構造の一ミリの十分の一ほどの受精卵から「無」→「有」で生まれているのは事実――と言っています。

宇宙は天地一切「火・水・土」（「五・六・七」）の三位一体のミロクの大原理でつくられています。宇宙史は「火」の火の玉ビッグバンから「水」（物質）の原子誕生（最初に水素）、銀河形成を経て、「土」の太陽系の生命《イノチ》の土玉の地球がつくられています。このため生命は地球だけしか存在しません。「太陽・月・地球」（「火・水・土」）も三位一体です。

受精卵の発生（形づくり）も「火・水・土」（「五・六・七」）です。ホ乳類は、まず「火」である血の赤血球が卵黄嚢・胎盤（母胎の赤血球をもらって血をつくる）の絨毛《じゅうもう》で「無」→「有」でつくられ、「水」のＤＮＡが生じ、白血球となって遺伝子ＤＮＡの発現で、〝血となる〟でつくられたアミノ酸を使って組織・器官特有のタンパク質群の細胞が出来ていきます。「火」の血が〝先〟で、「水」のＤＮＡ、細胞が〝後〟です。血（赤血球）はすべての細胞になれる母体的〝前細胞〟。「火・水」で形づくりが進んだ一つの段階で、「土」の生殖細胞系が赤血球からつくられます。

植物の場合と並べてみます。

「火」　　　　　「水」　　　　　「土」
「赤血球・〈ＤＮＡ化〉白血球〈細胞化〉・生殖細胞（系）」
＝　　　　　　＝　　　　　　＝
「根　　　　　葉（枝）　　　　花（実）」

植物も、抗酸化・蘇生型の土壌微生物の優勢な土では、「火」の根・根毛で動物の腸（卵黄嚢・胎盤も発生的には腸）同様に、アミノ酸など有機物を吸収して〝血〟（左型アミノ酸・タンパク質）をつくっていて、血液循環にあたる「原形質流動」が見られます。

既成生命科学は、動物、植物とも「無」→「有」で吸収即〝血となる〟の「火」がありませんから、本質的に「土」（生殖細胞）もなく、「水」（細胞・DNA・タンパク質・セントラルドグマ＝遺伝情報の流れの中心教義・物質）だけでみた生命観で、物質化したDNAとタンパク質が生命現象の基本となっていますから、神からいただき、生かされている生命《イノチ》がケミカル・マシンとなっています。

「無」→「有」のところは、物の理法、物にかかわる概念だけでは説明できないことを智りましょう。DNAが出来てくる赤血球が生殖細胞にもなり、血が遺伝するのですから、「遺伝情報はDNA→RNA→タンパク質の方向にのみ流れ、逆流しない」の、細胞分裂一辺倒の基礎理論でつくられたセントラル・ドグマが崩れています。

「ヒフミ」のご経綸は、「一《ヒ》二《フ》三《ミ》」で「三《ミ》」のミロク文明へ――。ミロク「火・水・土」（「五・六・七」）の大原理による神の創造が明らかになりましたから、「二」から「三」へ実質的な神・人、自然・人一体のミロク文明への大転換期であり、二〇〇〇年（平成十二年）は大節（節分）年でした。「二、」と二、〇〇〇年が奇しくも符合しています。「一」は、超古代に神・人、自然・人一体の文明があった――ということです。「一」から「二」へのご経綸は、人類に欲心を起こし、競争をさせて物質の開発を進めるためのご神策でした。いっぽう神は、物欲の暴走にブレーキをかける役として釈迦、イエス、孔子、孟子などの聖賢をみ使いの〝神〟として時・所に応じて遣わされました。宗教の誕生です。宗教は元一つ、コトバも元一つです。

ご経綸どおり物質の開発は進み、物質科学の発達は驚異的なものがあります。しかし、物質が化学進化してＤＮＡがつくられて生命が自然発生した＝「化学進化」と遺伝子ＤＮＡの突然変異（生殖細胞）を伴う細胞分裂を重ねながら単細胞生物から多細胞生物へ＝「生物進化」の小さな人知に基づく進化論が土台になっている生命科学は、単細胞生物の大腸菌とそれに感染するウイルスをモデル系としてＤＮＡが発見され、「水」（細胞・ＤＮＡ・セントラルドグマ・物質）の分子生物学などの進展で、「生命は有機物質の複雑な化学反応の集積にすぎない」という化学機械になってしまいました。

今のままの想念、行為を続ける限り、人間はもちろん、自然の汚染・破壊は進み、人類は自滅の道を突き進むでしょう。

そこで、次の「ヒフミ」（「一二三」）に啓示されているご経綸を見て下さい。

「ヒフミ」　ミロク（「火・水・土」）
一　二　三　四　五　六　七　八　九　十
メシア　神性化（神・人合一、自然・人一体）

ミロク（「火・水・土」・「五・六・七」）の大原理の前にメシア（「三四五」）がおられます。イエスの預言「真理のみ霊が世に降りて汝らに真理を述べん」通り、創造神からメシア（救世主）がいただかれた、「二」の世では明らかにされなかったご神示やおコトバに導かれてミロクの大原理（「火・水・土」）など、この本を書かせていただきました。

神の「無」↓「有」の創造である受精卵の発生（形づくり）は、高次元から三次元への「タテ」と各次元の「ヨコ」が「タテ・ヨコ」十字にムスンで行われます。要素還元理論の物質科学は、分析（細分化）という特有の道具が絶対的な価値をもって君臨していて、「火・水・土」の「水」の物質が基礎で「無」↓「有」のところがありませんから三次元の「ヨコ」だけです。

化学的に分析できる現象を基礎に生命理論がつくられています。たとえば、植物の「火」の根による〝造血〟がありませんから、「水」の葉での光合成（太陽光エネルギーによって、吸収した無機物の二酸化炭素と水とから酸素を放出すると同時に糖を合成）が「主」になり、根は「従」で、無機態窒素のアンモニアを吸収する――としています。このため、「光合成こそ、地球上の全生命を支える大本である」となっています。

※光合成による糖は右型のみです。人工合成の糖は左右両型が出来ますから、根（「火」）による神の創造の〝造血〟が行われていることを示しています。

光合成も、単なる物質的化学反応ではありません。そこで、人知・人力の既成理論のデータや解釈などを使ってミロク「火・水・土」（「五・六・七」）の大原理に位置付け、神・人合一で「無」→「有」の神のみ力の尊さ、すばらしさと人知・人力は「ヨコ」だけであることを理解していただくよう努めました。神の創造を表すデータや象（形）が、マクロの宇宙から一個の細胞、ミクロの生体分子や原子の中など、至るところにあふれていることがわかりました。〝真理の峰〟はただ一つです。

正確を期すため、広い分野の多くの専門家の方々の著書から、できるだけ原文か、それに近い形で引用させていただきました。「無」→「有」の神の創造とご経綸という前人未到の大きく、かつ多くの専門分野を越えた広く、深い問題だけに、かけ替えのない地球と全人類の幸せのために、どうか、既成の先入観念を脱却して謙虚な気持ちで読んでいただくことを願っています。

物質万能の「二二」の世では埋もれていた千島学説という革命的な生命（赤血球）理論の、吸収された（食べた）ものが〝血となり肉となる、生殖細胞にもなる〟（「火・水・土」）がいよいよ日の目を見て脚光を浴びる時代がやって来ました！

狂牛病の原因

また、原初の地球で、現在の地球温暖化の汚染物質である炭酸ガスなどを食べて土づくりに努めたとみられる、嫌気性土壌微生物を中心にして集めて開発した琉球大学の比嘉照夫教授のＥＭ（有用微生物群）技術も、超高周波で超低エネルギーという物質科学ではあり得ない超科学的波動と連動する強い抗酸化力を持つＥＭの働きは、農業関係はもとより畜産、水産、林産、資源リサイクル、エネルギー、食品加工、土木建築、工業、医療など幅広い分野で万能かつマジカル的な成果をあげていますが、「タテ・ヨコ」十字の土と一体の土の力のミニチュアとして千島理論同様に「火・水・土」のミロクの大原理に位置付けることができました。神の創造だからです。

生殖系の異変を来している環境ホルモン、クローン生物、遺伝子組み換え食品、地球温暖化、スーパー耐性菌の出現、狂牛病など難問が山積していますが、「ヨコ」（「水」）だけの誤った生命観、自然観のもとでは、危機的局面を迎えることは必至です。

遺伝子組み換えをみても、遺伝子DNAの突然変異の累積で、単細胞生物から人間まで進化した――が大前提となっていて、自然界では低いDNAの突然変異の頻度を人為的に効率化し、よりよい作物を得る道がひらかれたと考えていますから、「種の壁」を越えた遺伝子組み換えであっても、「大先輩であるバクテリア（単細胞生物）たちの生存戦略の知恵から学んだもので、DNAという物質のレベルでみればみな同じであり、自然の摂理の一環として把握すべき」としているのです。

狂牛病の場合をみてみましょう。

既成理論は、「火・水・土」の〝血となり肉となる、生殖細胞にもなる〟がなく、細胞分裂一辺倒ですから、「無」→「有」の物質化したDNAとタンパク質が生命現象の基本となっていてヨコだけです。このため、草食性動物である牛は、生きている雑草などをおいしそうに食べることで、きれいな血が出来、おいしい肉・脂や乳が出るようになっているのに、牛の屑肉とか骨を動物性飼料として与えていました。〝牛が牛を食う〟という共食いが狂牛病の原因です。神は「タテ・ヨコ」十字の「無」→「有」の創造を明らかにして、人間に狭い小さな人知の限界をわからせ、ご経綸に一体化させる必要があるわけです。

物質が基本の「二」の世の終焉

「二」の世は仮の世、つなぎの世、真如の世であったわけですから、「三」の真《マコト》の世のご経綸の進展とともに「一」の超古代文明の姿も次第に明らかになっていくでしょう。

一神教のユダヤ教、キリスト教、イスラム教および仏教のすべてが、この世界の終末、神裁きの世が来ることを預言していますが、世界のコトバや文字は、「アイウエオ」・「ヒフミ」を根源語として統一してつくられていますから、神の創造とご経綸は神のみ意《こころ》が乗った言霊（コトバ）と一体です。「初めにコトバがあった。コトバは神と共にあった。コトバは神であった」なのです。神は意力。

この世界の終末は、物質が基本になっている「二」の世の終焉です。

「仏滅」も「物滅」で、『生命科学最大の謎』が解け、進化論が教える物質の「化学進化」では、生命は絶対生まれず、神のみ光・陽の気（◎・左ラセン・「アイウエオ」の「ラ」）による「無」↓「有」の創造であることがわかりました。同時に、細胞分裂一辺倒の「生物進化」も否定されます。

多くの人々にうたいつがれたわらべ唄「カゴメの鳥」（「かごめかごめ」）が、実はミロクの世の到来、創造神のご出現（神の「無」↓「有」の創造と人類は元一つが明らかになる）を預言、その通りになっています。

〝籠の中の鳥はいついつ出やる　あした（朝）の晩に雪駄（せった）をはいてチャラチャラ出やる〟――〝チャラ〟は、血《チ》（赤血球）は食べたもの（「ヨコ」）が、神のみ光（「ラ」）の「タテ」（「ヤ」）のみ力でつくられる。また「ヤ」は「八」で、ミロク「五・六・七」（「火・水・土」）の大原理で神の創造が明らかになり「ヒフミ」の「八」へ（本文参照）。――を平成五年の酉《トリ》年（カゴメの鳥と一致）に書かせていただき、同七年に初版を出版しました。

ご経綸は「アイウエオ」のヤ行の「ヨ」からラ行へ、「ヒフミ」は「八」から九、十へと進むことになりました。光合成でなく、人工合成の糖が左右両型できるように、アミノ酸も人工的に合成すると、左手型（L型）と右手型（D型）のものが等量につくられます。赤血球が「無」↓「有」で神のみ光（「ラ」）をいただいていることがわかります。

「生命科学最大の謎」、生体分子の非対称性

預言通り神裁きの世に入っていますから、「無」→「有」の神の創造を智り、ご経綸成就にお役に立つ神の子・ヒトになりましょう。「かごめかごめ」や宗教発生にみられるように、神は人間を自在に動かせる立場にあらせられます。すべてお見通しです。生命は、ミロク「火・水・土」の大原理で自然（土）と一体で至善に創られ、生かされています。生殖細胞系が「土」なのはそのためで、生命誕生は受精卵の血（土）肉化といえます。「無」→「有」でつくられる「火・水・土」の「火」の赤血球、「無」の構造の「土」の生殖細胞系、そして大自然の土のすばらしさを智りましょう。ともに「タテ・ヨコ」十字の神のムスビの力でつくられているからです。既成理論では、生殖細胞（精子・卵子）は減数分裂。

神の「タテ・ヨコ」十字のムスビの力で赤血球がつくられますから、ホ乳類では赤血球の中にDNA（核の染色体に乗っている）が「無」→「有」で生じてきます。『生命科学最大の謎』である生体分子の非対称性、アミノ酸は左型、DNAは右型のみ——が解け、細胞分裂一辺倒も否定され

ます。「無」→「有」の創造ですから、神のみ光・陽の気（◎・左ラセン）に対して、吸収された（食べた）ものは陰の気（◎・右ラセン）として働きます。「陽」と「陰」が十字にムスン（陽十陰）で、「タテ」の「陽」を主軸に左回転（「陰」は右回転を続ける）しながら物質化（↓《タテ》）が進みます。

このため「左〝先〟・右〝後〟」（「◎・◎」）で、左型アミノ酸・タンパク質の赤血球の中に右型DNAが出来てくるわけです。〝血となり肉となる〟ですから、赤血球は「前細胞」で低タンパクの左型アミノ酸・タンパク質です。

細胞・組織培養に使われ威力を発揮する血清が、各種のタンパク質はじめ多種多様な未知の物質のプールであることからもわかります。「無」→「有」で血がつくられていることを示しています。〝血となる〟でつくられたアミノ酸を使って物質化した遺伝子DNAの発現で各組織・器官特有のタンパク質群が形成され、高タンパク化します。物質化（↓《タテ》）が進むといえます。

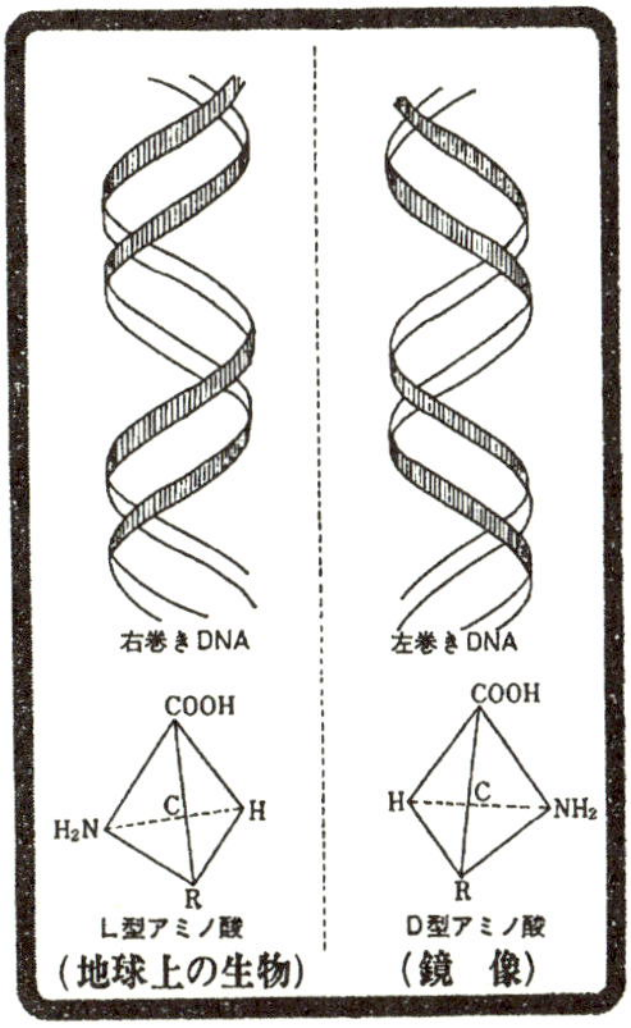

DNAの構造
（『生命の謎をさぐる』
渡辺格・編著、学陽書房）

宇宙の創成と受精卵の発生（形づくり）

は、「火・水・土」の三位一体のミロクの大原理でつくられていますから、「火・水」（受精卵は「精子（火）・卵子（水）」）・「陽・陰」のムスビの力は、「土」を産む産土《ウブスナ》力となって土玉の地球が誕生、受精卵は生殖細胞の「土」が出来ていきます。

植物・動物は、霊成型が土の気（霊）と一体となってつくられているからです。このため嫌気性土壌微生物と相似の善玉菌が腸内に「無」→「有」で出現します。人間的に調べても「ヨコ」だけですから、わかりません。植物は特に土（抗酸化・蘇生型の嫌気性土壌微生物を含む）と一体でつくられていることを智りましょう。このため植物はムスビの力が強く、細胞一個にも受精卵（胚）のような全能性を秘めています（詳細に後述します）から、遺伝子組み換え作物の作出技術に利用されています。

宇宙創成と受精卵の発生は相似で、ムスビの力は無限力ですから、受精卵が宇宙創成の原点に還って「火・水」（「精子・卵子」）のムスビでつくられたあと、「陽・陰」のムスビで生命発生の原点に還って赤血球がつくられ、「火・水・土」で血（土）肉化することになります。このため個体発生（形づくり）は、はじめに霊成型があって系統発生を相似的に繰り返します。

「神・幽・現」のタテの三界と「前世・現世・未来世」のヨコの三世にわたる「タテ・ヨコ」三千界《みちかい》を貫いて三次元的時空を超えた創造主の定められた王型《おおかた》です（千はチで霊＝血のこと）。ヒトの場合、胎児の顔が受精三十日後わずか一週間で一億年を費やした脊椎動物の上陸のドラマ、フカ↓両生類↓ハ虫類↓ホ乳類と激変しています。

※猿から人間に進化したものではありません。

ムスビの力は無限力

神は自ら想像し創造しておられますから、万象の霊成型（霊像）をつくって一切の物と化（「無」↓「有」）しています。

「火・水」・「陽・陰」のムスビの力は無限力で、宇宙創成と生命発生のそれぞれの原点に還って、「タテ・ヨコ」三千界を貫く三次元的時空を超えた創造主の王型となっているからです。神は人間の生きるに要する一切のものを創り育て終わってから、神魂を分け、神の霊質による人間の霊成型をつくられました。一口に申せば正に「神の子」で、あらゆる生物とは本質は異質です。四十八《ヨトヤ》の神に霊籍を発する人なのです。人のための人に非ずで、どこまでも神のための人であり、自由の本源です。

宇宙は天地一切、「神・幽・現」にわたって「火・水・土」（「五・六・七」）の大原理がタテに貫き、「タテ・ヨコ」の三十字《ミロク》（三位一体＝「天・空・地」、「日・月・地」、「神・幽・現」、「霊・心・体」……）に組んであやなしています。次元間は、相即相入でタテにボケて入り、組み合って連なっています。

腸（胎児は卵黄嚢・胎盤）の、無数ともいえる絨毛では、「神・幽・現」・「霊体・幽体・肉体」にわたってタテのみ力で赤血球がつくられていますから、ホ乳類では赤血球の中にＤＮＡが「無」↓「有」で出来てきます。草食性の牛の場合、きれいな血が雑草などで出来るように霊成型（霊体）がつくられているわけです。霊が〝先〟にあって、ＤＮＡ、タンパク質が〝後〟であることを智らないから、狂牛病が発生することになります。

「かごめかごめ」の唄〝あしたの晩にチャラチャラ出やる〟の「ラ」開き（神のみ光・左ラセンの「ラ」で赤血球がつくられる）の実質的なきっかけとなった、エイズウイルス（ＲＮＡ遺伝子）が生きるためにもっている、遺伝子ＤＮＡ発現のセントラルドグマ（ＤＮＡ↓ＲＮＡ↓タンパク質）に逆らう「逆転写酵素」が、実は無核の赤血球のRNA・DNA・細胞化をはっきり示す逆転写ならぬ「転写酵素」（RNA→DNA）であることの発見がありました。同酵素は、生命がケミカル・マシンとなっている物主文明から、ミロク文明への「逆転酵素」といえます。

エイズウイルスであるレトロウイルスは、核（DNA）のある細胞に入り込むと、逆転写ならぬ「転写酵素」で自己のRNA遺伝子をDNA遺伝子に転写したあと、マスターキーを使ってDNA鎖をほどいて入り、宿主（ホスト）細胞のDNA遺伝子の一部になりきってしまいます。細胞の遺伝子はキズがついて突然変異となります。レトロウイルスとして細胞をとび出すときは、細胞内のセントラルドグマに従ってタンパク質をつくり、ウイルスとしての姿・形を整えています。

世界のコトバや文字が「アイウエオ」・「ヒフミ」を根源語として統一してつくられているのは、神がつくられたコトバ、文字が〝先〟にあった、神と共にあった――ということです。物質科学であるサイエンスは、神の創造であるマコト科学の字義とは反対となっています。

「火・水」・「陽・陰」のムスビの力で、宇宙の創成と生命発生の原点に還ってつくられる受精卵とその発生を、易の基本型で宇宙をシンボライズしたといわれる「先天八卦図」に千島理論の〝吸収された（食べた）ものが血となり肉となる、生殖細胞となる〟（「火・水・土」）をあてはめたところ、ピッタリ符合しました。

さらに、セントラルドグマでタンパク質がつくられるDNAの遺伝情報（暗号）も、易の「陰・陽」の基本構造に同様、あてはまっています。神が神・人合一、自然・人一体でつくられたからです。最初の方では、「口」（「兌」）から悦んで食べたものが赤血球（「離」、火、赤）となり、ついで核酸RNA（「震」、酸い、現れる、芽生え、網赤血球）が生じます。千島理論が「陽・陰」で、遺伝情報発現が「陰・陽」なのは、後者はDNAが物質化した「水」（細胞・DNA・セントラルドグマ）の段階で行われるからです。開始を意味する八卦はやはり坎（水）です。

千島理論と易の基本型・「先天八卦図」がドッキング、『赤血球先天八卦図』が誕生しました。中国の太極図や韓国の国旗（太極旗）と相似です。『赤血球先天八卦図』の〝先〟（奥）に、「火・水」・「陽・陰」のムスビによる宇宙創成の「火・水・土」があり、「土」の受精卵と「火・水・土」の土が重なります。ムスビの力は無限力で、宇宙創成と受精卵の発生は相似だからです。神がつくられた言霊には神のみ意《こころ》が乗っています。真理はもと神理――神《かみ》の理《り》――神乗《かみの》りなのです。

「道」・「智」という字を見て下さい。「道」とは本来、〝首をのせて走る〟ですから、〝脳即魂霊《タマヒ》は切り取り、首以下胴、手足だけによって歩いていく道〟と示されています。人間のミチは、物質を基本とする、タテがなく、ヨコだけということになります。「智」（「チ」）のほうは、〃日（「ヒ」）を知る、「ヒ」を土台とする〃と示されています。

タテ（「ヒ」）は「火（日）・陽・霊」。宇宙創成は、「火・水」・「陽・陰」のムスビ（産霊）の力が「火・水・土」の土を産む産土力となって土玉の地球誕生、受精卵（「土」）は、「火・水」（「精子・卵子」）のムスビでつくられ、「陽・陰」のムスビで赤血球が出来、「火・水・土」となって生命誕生ですから、人知は「無」→「有」のムスビのタテがなくヨコだけです。

「神・幽・現」三界＝三千世界（霊＝血）

霊（レイ・ヒ・チ）の言霊を見ましょう。

精子・卵子の生殖細胞（「土」）は、ともに「無」（レイ・零・〇）の構造で、精子と卵子の霊体《レイ》が融合して核が合一、受精卵（「土」）もやはり「無」（レイ・零・〇）の構造。魂霊《タマヒ》（霊体《レイ》）。万生に命を与える霊《チ》。

「チ」には霊《チ》のほか、肉を生かす血《チ》（〃血となる肉となる、生殖細胞にもなる〃、植物も根・根毛で〝血〟をつくっています）、産ます生殖細胞の「土《チ》」と地《チ》（土《チ》）も。

「神・幽・現」三界を三チ世界《みのよ》（霊＝血）といいます。


ご経綸の「八」は、「チ」の赤血球「ラ」（「陽」）開きの平成四年。同「九」も神の創造が明らかになった「チ」の血《チ》と土《チ》（植物は土と一体でつくられています）のドッキングで同十三年。「チ」と「ヒ」を智る神人合一と自然（至善）界の至れり尽くせりの仕組みと一体化（自然・人一体）する真《マコト》科学の世紀を迎えました。

「神・幽・現」（「霊・心・肉」等三位界）三界にわたってタテに連なりて生き生きとして動く理、いいかえれば、三大霊界の動きとその法《のり》・実相を智るを「霊智《みち》」と申し、その法《のり》に乗りて人生を往かんとするをマコトのミチと申します。

『赤血球先天八卦図』と「アイウエオ」がドッキング、「ラ」が開いた平成四年は「二二」から「三二」へのご経綸のミロク文明への転換年となりました。同五年（酉《とり》年）には「ヒフミ」とドッキング、創造神（「ス」）お出ましの〝夜明け〟の〝チャラチャラ出やる〟を書かせていただきました。物主文明からミロク文明への「逆転酵素」となった「転写酵素」の発見は、同二年の〝夜明け前〟の〝暁鐘〟でした。右向け右（右〝先〟・左〝後〟）から、神の創造の左向け左（左〝先〟・右

〝後〟）へ。ご経綸は、現世《うつしよ》ですから「神界―幽界―現界」と移（映・写）っていきます。

生命も物質も一切、創造神（「ス」）が創られた「霊」が〝先〟の「火・水」・「陽・陰」のムスビで「無」→「有」でつくられ、生かされていることを智りましょう。

生命《イノチ》は、食べたもの（「陰」）に神のみ光（「陽」の「ラ」）をいただいていますから、主食として微生物同様に炭水化物が主成分のサツマイモを食べ、魚や獣肉をほとんど食べず、栄養学的には一日に必要なタンパク質の所要量の四分の一から五分の一の摂取にすぎないのに、筋骨たくましい体格をしてよく働いている人たちがいます（ニューギニアの高地に住むパプア族）。

今度は、宇宙の銀河および銀河集団の形成や進化において、理論計算と観測によって物質的にかなりはっきりわかっているのに、その量は普通の物質の十倍―二十倍以上にもなるのです。天文学者たちは、正体不明、形状不明、分量不明の宇宙の探し物に頭を悩ませているのです。「火・水・土」の大原理による「無」→「有」の神の創造だからです。「陽」、「陰」は天地に満ち溢れていると拝察されます（＝ともに後に詳述）。

次に、人工的に「有」→「有」で出来た合成化学物質である環境ホルモンなどを言霊と一緒に考えましょう。精子（「火」・男）と卵子（「水」・女）のムスビで出来る受精卵は、「陽・陰」のムスビで「火・水・土」となる赤血球をつくる力がついたものです。このため「左〝先〟・右〝後〟」の左型アミノ酸・タンパク質の赤血球の中に右型DNAが生じます。ケミカル・マシンではありません。「無」↓「有」で生まれる生命にとって合成化学物質は「異物」であり、〝血となり肉となる、生殖細胞にもなる〟（「火・水・土」）の生命《イノチ》の力をソギます。

物質（「水」・女・陰・右）として作用しますから、男性ホルモン類似物質でなく、女性ホルモン類似物質、男性ホルモン遮断物質として働くわけです。すなわち「異物」としての合成化学物質は、物質（「水」・女・「陰」・右）として、男性（「火」・「陽」・左）化を遮るのみならず、〝……生殖細胞にもなる〟力を弱めますから、女性になる生殖系の細胞・器官の正常な発生も阻害することになります。生命の力（ムスビの力）の「左〝先〟・右〝後〟」ならぬ逆の「右〝先〟・左〝後〟」の力が働くからです。

前記でみた、系統発生を兼ねた「無」↓「有」で生まれる胎児にとって、いかに大変であることがわかっていただけると思います。

胎盤（ヘソ）造血は発生の要で、「胎盤関門」と呼ばれ、自然の中にある毒物や大部分の病原菌などは通さず、外部の有害な影響から胎児を完璧に守る盾（関所）の役を果たしていると考えられていた胎盤が、病原菌よりも小さいウイルス、ニコチンや麻薬、有機水銀などのような現代文明が生み出した有害化学物質のほとんどを通してしまうのです。〝招かざる「異物」〟だからです。

胎児は〝吸収されたものが血となる〟で、母胎の赤血球をもらって胎盤で自己特有の血をつくっていますから「異物」の洗礼を受ける危険性があります。さらに生後は、母親の〝血《チ》が乳《チチ》となる〟ですから、病気から守るために与えられるようになっているはずの母乳を介して、母親から乳児へ譲りわたされてしまいます。

「胎盤関門」のほか、環境ホルモンは「血液脳関門」、胎児にもある「胎児胎盤関門」、「精巣関門」もスルリと通り抜ける危険性があるということです。

霊の元つ国・日本

「タテ・ヨコ」の十《カミ》（「火・水」・「陽・陰」）の万象産土力の神理（神乗り）の奥義と秘儀の一つ「妙法」の言霊を見て下さい。

「妙」とは、「女・水・心・体・陰」少なし——と書かれています。「法」とは、「水・女・心・体・陰」を去る——と記されています。法を「のり」と読ませてあるのは「乗り」で、神の「無」

↓「有」の創造に乗り合わせいくべきを示すため「ノリ」と読ませておられます。さきの環境ホルモン問題と合わせてみますとよく理解していただけます。

環境ホルモンは、物質（「水」・女・「陰」・右）として作用しますから、女性ホルモン類似物質、男性ホルモン遮断物質として働くため、生命力の「無」↓「有」のムスビの力の「左〝先〟・右〝後〟」ならぬ逆の「右〝先〟・左〝後〟」の力が働きます。「心と体」は、三位一体の「霊（魂）・心・体」のうち物質的なものです。

「妙法」の妙では、「女・「水」・心・体・「陰」」少なし、法では、同じく「女・「水」・心・体・「陰」」を去るですから、神の創造「無」↓「有」のタテの「左〝先〟（火・日・陽・霊）・右〝後〟」でなければならないわけです。

「火・水」・「陽・陰」のムスビによる「無」↓「有」の神の創造の象（型）示しである『赤血球先天八卦図』が啓示され、「アイウエオ」・「ヒフミ」とドッキング、さらに易の基本型の「先天八卦図」に方位をつけた「伏羲の八卦の方位図」から移行したのが九気・後天定位盤（九気暦）ですが、これまた「ラ」が開いた八の世の平成四年のミロク文明転換の年にドッキングしました。

同暦も同年は「八」の年（八白・艮）でした。

九気暦は、ご経綸の「一」から「二」への移行によって神界で政権から引退されていた正（陽）神の神々と、コト・モノ的（タテの現象化）に言霊で密接に結ばれていました。九気暦は、立春が正月元旦です。

「三」への移行で、正（陽）神のお出ましとなったからです。

『赤血球先天八卦図・アイウエオ・ヒフミ・九気暦』は、創造神から啓示された、二十一世紀の人類の行くべきミチである「神・人合一」・「自然・人一体」のミロク文明原理といえます。

また、日本は神が万象の霊成型を創られた元（基）地、すなわち霊の元つ国（日本《ヒノモト》）であることも示されています。

「アイウエオ」・「ヒフミ」は根源語ですから、神・人一体、自然・人一体となるようにつくられていると察せられます。「アイウエオ」四十八音の一語一語が神のみ働きとなっています。

カ行（カキクケコ）、サ行（サシスセソ）を例にとってローマ字で書くと、KA KI KU KE KO、SA SI SU SE SO。日本の言霊はローマ字で書くとすぐわかります。ローマ字は結局、言霊から出ているものだからです。「アイウエオ」は本質的に母音、子音は一体であり、切り離せない構造、働きになっています。赤血球がつくられる左ラセンの「ラ」（「陽」）開きも、ラァのラとアが一体となっていなければならないのです。

言語のうち子音は西洋人、日本人とも左脳で処理していますが、母音は西洋人は右脳なのに、日本人は子音と同じ左脳。また日本人は、母音とよく似たコオロギなどの虫や鳥の声、川のせせらぎや波の音などの自然音や泣き、笑い、甘え声などの感情音も左脳で処理しています。右脳はモノで表される西洋楽器音（邦楽器音は左脳）、機械音などに限られています。

「一二三《ヒフミ》」のご経綸は、「一二三《ヒフミ》」に啓示されている通り、創造神（「ス」）から三四五《メシア》がいただいたご神示に導かれて「八・九・十」と五六七《ミロク》（「火・水・土」）の大原理を書かせていただきました。

「ヒフミ」（一二三）

一　二　三　四　五　六　七　八　九　十

メシア（三四五）

ミロク（「火・水・土」）（五六七）

「八・九・十」は、「メシア・ミロクの源法」でした。

神界での〝天意の転換〟（「二」から「三」へ）は、昭和三十七年（一九六二）一月一日でした。三十七年の〝天意の転換〟から四十九年に三四五《メシア》が神幽られるまでの十二年間と、その後の「ラ」（「陽《ヒラ》」・左ラセン）開きの平成四年までの十八年間は、いずれも三四五《メシア》（12）・五六七《ミロク》（18）

それぞれを足した数字となっています。

「八」は昭和五十九年十一月三日、創造神（「ス」）の主座《ス》建立で現界の〝天の岩戸〟が開かれ、八年後の平成四年に「左〝先〟・右〝後〟」の赤血球の「ラ」開（ヒラア）きの八の世（ミロク文明転換年）になりました。

「九」は、千島理論の赤血球と比嘉教授の土と一体のEM（有用微生物群）技術の土の力のミニチュアとしてドッキング、「火・水・土」のミロクの大原理に位置付けられたのが、主座《ス》建立から十七年（平成十三年十一月三日から同十四年十一月二日）の「神成る（十七《カミナル》）」です。

「十」は、主座建立から神開《カミヒラア》く十八年（同十四年十一月三日から十五年十一月二日）を迎え、「火・水・土」（「五・六・七」）の大原理がタテに貫く神・人、自然・人一体のミロク文明（陽光文明）に入ることになりました。「アイウエオ」・「ヒフミ」とともに『赤血球先天八卦図』とドッキングしていた九気暦は、正（陽）神の神がつくられた暦の基《もとい》となったものです。

正（陽）神の神が、明治二十五年（一八九二）の節分におろされた〝初発の神勅〟というのがあり、メシア・ミロクの源法（ミロクの世の到来）をはっきりお示しになっていました。

「三千世界の大洗濯、大掃除を致して、天下泰平に世を治めて万古末代続く神国の世に致すぞよ。

神の申したことは、一分一厘違わんぞよ。毛筋の横幅ほども間違いはないぞよ。これが違うたら、神はこの世に居らんぞよ」

三千世界は千＝チ（霊）で、「神界・幽界・現界」です。「一分一厘違わんぞよ」のおコトバ通り、ご経綸は神界の現世《うつしよ》（移・映・写）ですから、神界の天意の転換から三四五《メシア》・五六七《ミロク》の足した数字で主座建立から「ラ」聞きの「八」の世――「九」――「十」となっています。〝初発の神勅〟から「八」の世は一〇〇〇年の五十＋五十《ゴッドプラスゴッド》、十（神）×十（神）、「十」は一一〇〇年の十一（統一の「ス」・創造神）×十（神）。

十は「タテ・ヨコ」のムスビ（「火・水」・「陽・陰」）で神。

創造神（「ス」）は、ムスビの力の十《カミ》の真中の目に見えぬ，《チョン》（芯《しん》）すなわち中心力、大元力、大源霊力、唯一絶対の本源力。十《カミ》の芯があって、神も十《火＝カ 水＝ミ》の力も出るわけです。

ハングル（韓国、北朝鮮文字）では、天はチョン、神はシンですから――「ス」・創造神と結ばれています。天――チョン↓芯（真）、神――シン――ＳＩＮ――スイン↓「ス」意ン（「ス」の御意《こころ》に一体化）。ンは一体化の意味。

比嘉教授は言われます。

ＥＭの本質的な力は、ＥＭが直接・間接につくり出している抗酸化物質による抗酸化作用とそれに連動する非イオン化作用（マイナスイオン効果）と超高周波で超低エネルギーという物質科学ではあり得ない超科学的波動によるものです。

汚染の本質は、活性酸素・フリーラジカル（酸化を促進させる物質）による強烈な酸化作用であり、破壊は物質が酸化によってエネルギーを失ってイオン化し、有害な波動を出す現象です。人間の病気も根は全く同じもので、活性酸素・フリーラジカルによるＤＮＡや組織の酸化があらゆる病気の原因であることは改めて述べるまでもありません。この地球上で起こるあらゆる有害な現象は、すべて過剰な酸化によって引き起こされており、環境の悪化や生産機能の低下および自然界に存在する病気の大半のものは、すべて酸化劣壊の結果です。

ＥＭが万能的といわれるのは、このような酸化劣壊を防ぐだけでなく、すでに酸化したものを正常に戻し、機能性を高める性質があるからです。重金属を不活性化し、無害にするばかりではありません。チェルノブイリの原発事故被災地であるベラルーシやウクライナの国立放射線生物学研究所の実験では、放射能汚染地帯でＥＭを十分に使用すると、作物は放射性のセシウムやストロンチウムを吸収しないため、安全な作物が栽培できることが明らかになったのです。そのうえ驚くべきことに放射能が一年間に一五～三〇％も減少したことが確認されているのです。

当然のことながら、ＥＭは石油を分解する能力があるばかりでなく、ダイオキシンはもとより、ほとんどの有害化学物質を無毒化する機能をもっています。このような結果を考えると、ＥＭで解決できない環境問題はないといえます。

ＥＭの中心的役割をもっている光合成細菌は、条件次第では粘土に混和し、一二〇〇℃でセラミックス化しても、数週間もかけると、そのセラミックスから光合成細菌を再現することが可能です。すなわち光合成細菌は一二〇〇℃でも生命情報を保持しているということです。乳酸菌や酵母も一般的にはＰＨ三・〇以下または九・〇以上で長期的に生存することは困難であり、温度が六〇℃以上になるとほとんど死滅するというのが常識です。しかしながら乳酸菌や酵母を光合成細菌にうまく伴随させると、八〇～一〇〇℃で三十分以上過熱しても死滅することなく、時間の経過とともに復活してくるのです。

最終的にいきついた結論は、ＥＭはすべてのものを蘇生的な方向に誘導する力があり、エントロピーの増大を防ぐばかりでなく、再利用できなくなった汚染をエネルギー化し、そのエネルギーが物質化に作用し、その結果として蘇生的現象が起こり、環境が浄化されるという、シントロピー現象を引き起こすということです。シントロピーとは、エントロピーの対極を説明する言葉であり、新しい概念です。

——神・人合一、自然・人一体の超循環型社会へ向かうことになります。

私たちの体内にある小さな地球

現在の海水を四分の一の濃度に薄めた液と私たちの体液（血液・リンパ液）のミネラル組成がほとんど同じです。私たちの体は、小さな地球である体内に〝原始の海〟を内蔵しているのです。

さらに、母体の胎内成分は羊水と呼ばれますが、これまた海とミネラル組成が同じである液体で満たされています。赤ちゃんはさながら羊水という海の中を遊泳しているかのような状態で育つのです。海を抱えた私たちの体は、その海から塩分を含めた微量の金属元素がなんらかの形で失われたとき、元気を失い、極端な場合は死んでしまいます。まさに海のすべての元素を包含している本物の自然海塩を摂取することは、内なる海をもとの海の姿のまま維持しようという、いのちの防衛本能といってもいいのです。

〝原始の海〟を内蔵しているのは、動物が植物と一体の〝土の力〟を取り込んでいるからです。受精卵が精子（「火」）と卵子（「水」）とムスバれたあと、神のみ光「陽」と食べたもの「陰」がムスバれて赤血球が出来てきます。これは、宇宙創成と生命発生の原点に還って「火・水」・「陽・陰」がムスバれているからです。〝個体発生が系統発生を繰り返す〟のも、猿から人間になったのではありません。赤血球もすばらしいのです。

塩も、本物の塩を摂取しなければならないのです。

極度の減塩や精製塩を取り続けると肝心の羊水がつくれません。妊娠中の母親の食生活はとても大切で、ツワリが起こるのも、塩分や超微量ミネラルの欠乏がもたらす現象の一つなのです。ちなみに体液の塩分濃度が〇・六％以下になると、体の兆候として急速に脱力感におそわれ、体力は激変してしまいます。男性は性機能を失い、精力の減退に陥ります。

正常な人の血液の塩分濃度は〇・八七五％です。医者が「食塩摂取を無責任に〇・五グラム以下を目指せ」などと言っていますが、塩分濃度が〇・二％を切ったら人間は、生きていくことは不可能です。

塩は腸内の微生物や酵素と協同作業で食べ物を消化吸収させる役割をもっています。たとえば夕ンパク質をアミノ酸に分解するのは酵素の働きですが、吸収されるときにはソーダの形、すなわちナトリウムと結合していないと腸から吸収されにくいからです。可溶化とは、一般的には、水に溶けて生物体に吸収される状態を表現する言葉です。グルタミン酸ソーダは、その代表例ですが、肉を食べるときに特に塩がないとまずいと感じるのは、多量のタンパク質を可溶化するためにはかなりの量のナトリウムが必要だからです。塩が不足すると食べ物がまずく感じるのは、この塩の量では食べ物を十分に可溶化し、体に吸収させることはできませんよ、という一種の警告反応でもあります。したがって、減塩につとめている人々の大半が、エネルギー不足という状態で、けだるくパワー不足で、カゼをひきやすい体質になっています。

塩のもう一つの役割は、体内で使用されたエネルギーの燃えかすや消滅した細胞などの老廃物を可溶化して尿や汗として体外へ排出する機能です。塩には還元力によって酸化物を中和する力と、適度にフリーラジカルを発し、消毒する力があると同時に、栄養の吸収や老廃物の排除に不可欠な機能が備わっているのです。

EM熟成塩

地球の進化は、常にシントロピー、すなわち蘇生化（抗酸化）作用が原点となっています。しかし、酸素の増大とともに、地球の表面からその力は失われ、シントロピー作用の範囲は酸素の届かない部分に移ってしまい、その結果が海洋や地上の深層水の不思議を引き起こしています。また、地球の深層部の高圧は高温に通じるものであり、地球そのものは高圧によるエネルギー発熱体ともなっています。

このように地球の蘇生の原点を考えると、海洋深層水も水深二〇〇メートル以下、水温五℃以下は単なる目安であり、より深い部分の方が蘇生化作用は強いということになります。また最近の研究では、地下一〇〇〇～二〇〇〇メートルの範囲は、すべて微生物が活動しており、岩石の中にも無数の微生物が確認されています。

さらに海洋における微生物の活動範囲は、一万メートルを超す、すべての海底でも行われていることが確認されています。また、海底二五〇〇～三〇〇〇メートル、水温二五〇～三〇〇℃の海底熱水鉱床からも多数の微生物が発見されています。この熱水鉱床の状態は、二五〇～三〇〇気圧、二五〇〜三〇〇℃であり、このような想像を絶する極限の場でも無数の微生物が活動しているという証明にもなっています。

ＥＭの中心的役割を果たしている光合成細菌などは、一〇〇℃や二〇〇℃で死滅することはありません。粘土と混和し、ある一定期間熟成したのちに一二〇〇℃でセラミックス化しても、生命情報は残っています。光合成細菌のように、嫌気状態で硫化水素やアンモニア、炭化水素をエサにし、自然の熱や光や圧力を利用し、タンパク質や糖類を合成する微生物は、無数に存在しています。ソマチットと称される血液の中にいる微生物も、光合成細菌と似たような性質をもっています。

このような微生物群を一般に古細菌グループといい、深海や岩石の中、煮えたぎる温泉、硫酸、塩酸などの多い極限的な場所で発見されています。極限微生物と呼ばれる場合もあります。したがって、この古細菌グループは、これまでの従属栄養的な微生物の培養法では検出することはできません。このグループには九〇〜一〇〇℃以上の高温や有機物が全くない、きれいな水でないと育たないものもいます。

古細菌グループはミネラル等をキレート化し、触媒的に光や熱を利用し、有機物を合成する能力をもっています。また硫酸や塩酸、カセイソーダなどの強酸、強アルカリが発するフリーラジカルもエネルギー源として利用する能力もあり、深層水の不思議な謎の力となっています。

深層水の本領は高圧・無酸素状態で、その中に含まれる塩類が還元状態となっているため、フリーラジカルが完全に抑制されているからです。この状態は、微生物のことを全く考慮しなくても成立しますので、深層水の効果が残っている間はその威力を発揮し続けます。このような深層水も空気に触れ、光が当たるようになると、急速にその効力を失っていきます。サビを止めたり、物質の劣化を防止し、生物にとって蘇生的な作用をもった全能的な神が、いつの間にか何もかも酸化を劣化させ、破壊する悪魔に変身する物語に通じる性質をもっています。

極限微生物と呼ばれる古細菌グループの働きや深層水の不思議な力など、神がつくられた、自然と一体のタテの力が貫いています。

ＥＭ熟成塩は、満月の満潮時の海水の採取に始まり、ＥＭの濃度や熟成期間によってつくられた塩の性質をチェックし、人間の健康にとって最良と判断された方法でつくられています。したがって、ＥＭ熟成塩は可能な限り自然塩的な手法を用い、ＥＭで時間をかけて塩の有害成分を取り除き、微量ミネラルをキレート化し、触媒的な機能をもたせるようにしています。そのために体内で効果的に作用する塩となっています。

　これに対し、ＥＭ蘇生海塩は、意識的にミネラルの量が多くなるように添加し、ＥＭ技術で加工したものです。そのために、ＥＭ蘇生海塩はＥＭスーパーセラミックスで高波動化した炉を使い、短時間で塩の有害物を除去し、抗酸化力と還元力を強化して磁気共鳴波動をもつ高機能性塩にしたものです。このような塩は、塩としての機能性のほかにもその特有な波動で接触するものをすべて蘇生化の方向へ誘導する力をもつようになります。

　ＥＭ熟成塩やＥＭ蘇生海塩を少量でも添加すると、料理がおいしくなったとか、水の質がよくなった、果物や野菜のうま味がひき出されたといわれるのは、ＥＭ塩のもつ蘇生波動によるものです。その蘇生作用は、きわめて強く安定しているため、食品の鮮度保持、作物の病害虫対策や生育促進、加工品の農薬や有害物の除去および品質向上に役立つほかに、洗剤、シャンプーやセッケンの代わりに利用することもできます。

　また、一般の安い塩に五〜一〇％混和し、二〜三週間ほど密封し保存すると、その間に熟成が進み、普通の塩もＥＭ塩と同じように蘇生的な性質をもつようになります（『蘇生海塩の驚異・血液がよみがえるＥＭ熟成塩』琉球大学教授比嘉照夫、海洋＆長寿科学研究所知念隆一・共著、綜合ユニコムから引用）。

底知れぬ深さと幅をもったタテの力

創造神（「ス」）による「火・水」・「陽・陰」のムスビの力で、宇宙創成と受精卵がつくられているのですから、元還りの大根本神の主《ス》芯《しん》・芯仰《しんこう》しかありません。宇宙万象を創られた〝「ス」の原理〟に帰一する時が来ました。

「主」の文字では、「ス」のチョン（芯）があって、ミロクの三位一体の理を表現する「三」にタテとなっています。これは、受精卵の個体発生（形態形成）が系統発生を繰り返す，《チョン》の定めし王型（「神・幽・現」のタテの三界と「前世・現世・未来世」のヨコの三世にわたる「タテ・ヨコ」の三千界を貫いて定め置きたる手）に、「ス」のチョンが乗っている形です。「元」という字は、元来，ω《陽(赤色)除(青色)》で、その一番上は，です。

この神様は火を代表するわけで、火は数霊でいけば火で結局五です。五は一二三四五《ヒフミヨイ》となり、一から九までの中心に位していますから、中心の神の義で、，で表現してあり、色でいけば赤です。火《ヒ》であり、霊《ヒ》であり、日《ヒ》であり陽《ヒ》であり、五《ヒ》であるのです。

，の下にあるのは一です。宇宙の屋根の表現になるわけです。いわゆる「天・空・地」の空界、これはヒがタテであるのに対してヨコです。数霊でいくと五・六・七の六、水という関係になります。

一の下は㈧のように下に分かれて開いております。つまり万華して開く。万華する形を、開くで表現する。陽と陰が開く。すなわち八陰陽です。陽と陰が開くと、集散離合が起きるという原理の元の理、すなわち「ルの働き」になります。そしてそれが回転して、常に元へ還らなければならない。「元（，）還り」をする。それでハネてあるのです。

「火・水・土」の火魂（霊）と水魂（霊）と土魂（霊）の三魂（霊）、三十字《ミロク》に組んで綾なしています。底知れぬ深さと幅をもったタテの力が貫いています。神のみ光（「陽」）をいただいた赤血球の場合も、「神界・幽界・現界」の三千世界にわたって相即相入でタテにボケて入り、組み合って連なっています。このため無数の赤血球が腸の絨毛で出来、赤血球の中に遺伝子DNAが生じて白血球となっていきます。植物は土と一体でつくられていますが、動物は霊体が土の気（霊）で醸されていますから、生後に善玉菌が腸内に出てきます。

「科」という文字は、植物は土と一体でつくられ、木は根で赤血球がつくられることを示しています。斗は、三界がタテ（左・「ヒ」）に貫いています。神がつくられていますから、向かって右が左です。木の上のノは、創造神の神意そのものが、写《うつ》し世《よ》（現世《うつしよ》）に垂《た》れ下《くだ》って物界つくりの「神の意乗りしもの、即ち神の祈り」のノです。故にあらゆる法《のり》の大元の神の置きし手、オキテ（掟）で、万法《よろずのり》の大元です。創造神の定めた王型、大三界をタテに貫く大元の法《のり》の更に元なのです。

ＥＭと土と植物が一体でつくられているところを見て下さい。ＥＭを粘土に封じ込み、七〇〇度以上の高温でセラミックス化し、その機能を持続させたＥＭセラミックスは、光合成細菌由来の超科学的な磁気共鳴的波動をもっていて、水や他の物質に抗酸化力を付与する力をもっています。

ところが、ＥＭを「粘土詰め」にして超科学的波動が出ているのに、不思議にもＥＭセラミックスを分析してもＥＭを発見することはできません。すなわち物質的にはいないはずのＥＭですが、有機物を与えれば、やがてＥＭが有機物を活用して繁殖を開始します。ＥＭが「粘土詰め」から「無」→「有」で出現しています。ＥＭは粘土と一体で超科学的波動を出していたのです。「火・水」のムスビの波動ですから、ＥＭと粘土が霊的に融合しています。神の「無」→「有」の創造はムスビですから、霊が〝先〟です。ＥＭと粘土が土となっています。

土は「火・水」のムスビの力が強く働いていますから、有機物のエサが与えられてＥＭが「無」

↓「有」であらわれ、「陽・陰」のムスビで〝血となり肉となっ〟て、強い抗酸化物質がつくられながらEMは分裂・増殖し出したのです。今度は、EMで栽培したトマトを一生懸命調べてみてもEMは出てきません。しかしそのトマトを腐らせると乳酸菌、酵母や光合成細菌が出てきて香ばしい匂いがして分解します。それを土に入れると、また立派なEM軍団が土の中に出来上がります。

植物の場合、葉という既に分化した体細胞であったものが、組織・細胞培養で増殖するとき、葉の組織としての特徴を失って脱分化、未分化の細胞塊となり、初期胚化して全能性を発揮するわけです。胚化していることは、ムスビの力が強いことを示します（本文で図で説明）。植物も、土とEMと一体です。神の創造のマコト科学は、「植物と土」を取り込んだ赤血球の中にDNAが生じてくるホ乳類の受精卵のヘソ（胎盤）の神秘を智りましょう。神がつくられた言霊の『赤血球先天八卦図』はそのようになっています。

「ス」のムスビの力は、宇宙創成と受精卵の発生は相似で無限力ですから、受精卵が宇宙創成の原点に還って「火・水」（「精子・卵子」）のムスビでつくられたあと、「陽・陰」のムスビで生命発生の原点に還って赤血球がつくられ、「火・水・土」で血（土）肉化することになっているからです。

生命は「無」の霊体が「無」→「有」で出来てくるのですから、生後に取りはずされる〝体外器官〟が必要です。胎盤（ヘソ）は、母胎の子宮の血の池に〝根〟（胎盤は発生的に腸で根）を下ろして子宮（「土」）と一体となって造血のほか、呼吸、排せつの多機能をもち、肺臓、肝臓、ジン臓の役目を果たします。

赤血球の主成分ヘモグロビンで酸素を運ぶのですから、造血と呼吸は密接で一体です。胎児の赤血球は、子宮エベレストといわれる肺呼吸の約四分の一ですが、子宮の赤血球を吸収してつくられる胎児のヘモグロビンは、特に胎児性ヘモグロビンという肺呼吸の赤血球に比べて特に酸素を捕捉しやすいものになっています。受精の際、卵子と合一（霊体の融合）するのは精子の核だけで、尾の部分は切り捨てられます。卵子の生殖細胞質の方が胎盤（ヘソ）になるわけです。

ところが、既成理論は細胞分裂一辺倒ですから、精子と卵子の核が融合したものが、卵子の細胞質と一緒で細胞になることになっています。ホ乳類の無核の赤血球の中にＤＮＡなどが出来てくるわけですから、ムチャクチャです。

自然と一体でつくられている、至れり尽くせりの神のお仕組みに感謝しましょう。

「汝人類よ、汝等アミーバをつくり類人猿をつくりて、それより人間を創り得るに到りありや。

到りあらざる限りは、汝等の先祖アミーバなり、類人猿なりとホザクも神は許さず。」

と、お示しになっています。

ホザクとは、炎《ホ》（火）割《ザ》（裂・削）くであり、神のタテのみ力を智らず、分化、細分、分析好きのヨコ（「水」）だけで見た世界観です。

※タテ（「ヒ」）は、火（日）、陽、霊。

「臍《ホゾ》噛んでより気付き得べし」のおコトバとなっています。

ホ（火・炎）ゾ（祖先＝神↓「ス」神）

氷結結晶構造が良い水

ミロク「火・水・土」（「五・六・七」）の水（「六゜」）が、〝普通に眺めて美しいと感じる六゜角形の整った氷結結晶構造が良い水〟とわかってきました。さらに、水が凍って結晶になり、温度が上がって水に戻る寸前の一瞬、マイナス5℃から0℃の間で「水」という漢字とそっくりの姿を見せてくれます。

世界初の水の氷結結晶写真を考えだしたのが、江本勝さん（国際波動の会会長・ＩＨＭ総合研究所所長）です。結晶とは、原子あるいは分子が規則正しく配列している状態の固体です。雪は諸条件の重なりによって生まれることから、同じ顔をした結晶は一つもありません。そんなところから、水を凍らせて、その結晶を撮影したら、その水の情報が得られるのではないか…と考えたのです。

江本さんは「撮影のため、世界各地から集めた水の、結晶の出来る過程を何千回と見てきました。すると不思議なことに水の〝がんばる様子〟を見たり感じたりするようになりました。水は基本的に良い水になろう！　良い水になりたい！　と、けなげに努力していると思います。そんな表情が伝わってきたのです」という。水はもと「水の精」の集まりなのです。自由無碍で万生万物の産みの基力《きりき》で、〝奇力《きりき》の表現《あらわれ》〟を見せてくれます。「氷」は、タテの「光」に対してヨコです。

江本さんは、水に音楽を聴かせたり、さらに水に文字を見せることにチャレンジしました。例えば、ベートーベン「田園」では、明るく爽やかで楽しい曲ですから、よい曲は水を活性化させ、成長を促進させることを裏付けるような美しい結晶です。韓国民謡「アリラン」では、アリラン峠を越えて別れていく、恋人同士の別離の歌であり、なにか、つらく、切ない、胸の痛くなるような結晶となっています。

文字を見せるのも、人の手書き文字ではなく、ワープロで打った一定の文字を瓶に貼って一晩放置して写真撮影したのです。ところが、水は言葉文字によって明らかな違いを見せてくれたのです。日本語の「ありがとう」では、とても美しく均整のとれた形です。英語の「Ｔｈａｎｋ」や韓国のハングルでもそれぞれ違ったよい表現となっています。反対に「ムカック・殺す」では、予想通り水の姿は醜悪なものでした。結晶が醜く歪み、潰れ、飛び散っている様子は、まさしく「ムカック・殺す」そのものでした。「きれい」「きたない」でも、「きれい」という文字を見せた水は美しい結晶に。「きたない」の文字を見せた水は、きたない結晶になってしまいました。私たちが考えている以上に、文字や言葉が水に対して、大きな影響力をもっていることを知らされる写真です。

人の名の、「出口王仁三郎」「天照大神」などの場合も、それぞれ反響がありました。また、愛の〝気〟や波動測定器による水に対する転写情報も大きな効果が出ています（『水からの伝言』江本勝・著、波動教育社を使わせていただきました）。

神と人との間を釣り合わす大波調合わせ

世界のコトバも文字も神が一切、統一してつくられていますから、千島理論と易がドッキングして『赤血球先天八卦図』誕生、さらに「アイウエオ」・「ヒフミ」・九気暦と一体となっていました。「汝等《なんじら》が迷信迷信《めいしんめいしん》と思《おも》い来《き》たりし界《かい》こそ、「明真《めいしん》の界《かい》」なること知《し》らす外《ほか》なきに到《いた》りあり。神《かみ》に逆《さか》らうは損《そん》となることを知《し》らしめん世《よ》へ深入《ふかい》りするなれば、早《はや》くメザメさせよ。」

のおコトバがあります。

ご経綸は、「八」・「九」・「十」ときて、主座建立から神開く十八年（平成十四年十一月三日から十五年十一月二日）を迎え、いよいよタテ、ヨコ二つを一つにして七六五《ナムア》の世を五六七《ミロク》の世へ建て替えるマコト節分け、大節分時代が来ました。〝九気暦の立春が正月元旦となる時が来た〟ということです。「七六五《ナムア》」は「五六七《ミロク》」の逆になっています。

天神七代の天地創造が成就いたしましたのを記念して、万象の霊成型を造られた国万造主神様は、神界に坐【ま】します⦿《ス》の大御神様を神霊界の大天底にご勧請あそばされまして、恭しく感謝御礼のみ祭りを挙行あそばされたのでございます。その歴史的大節日を「木《こ》の芽《め》春立つ日」と申します。

天地創造がなされました時に、神霊界において初めて「暦」が制定され、その第一日が立春の日にあたっております。

「コノメ春立つ朔《ついたち》を歳《とし》の初めとなす」——

このご神勅によりまして、立春の日は真正月元旦となったわけです。

立春の頃はちょうど木《こ》の芽《め》が出だします。陰の気から陽の気に転換する季節が来たことを示しております。神霊界最初の祭りが「木の芽春立つ日の祭り」であり、〝立春の祭りの淵源〟に他なりません。「祭りの本義」は、〝神と人との間を釣り合わす大波調合わせ〟にあるのです。

平成十六年の九気暦を見て下さい。九気定位盤の中央「五」の年となっています。「五」は一から九までの中心の神の義で、創造神の、(「ス」) です。立春の二月四日も九気暦の「五」の日です。ご経綸の「八」・「九」も九気暦の「八」の年となっています。

定位盤(中央「五」)に、九気暦の方位と色のコトバを入れてみました。ところが、黄、赤、白、青、黒の五色人の色が出ています。しかも、黄—中央、赤—南、白—西、青—東、黒—北は、太古、スメラミコトのご即位式に、世界に散った五色人の王たちが、従者を連れて参列していた時の色別の位置を示しているのです。五色人の創造と分布は、暦のコトバとも一体であり、ご経綸の一環であることがわかります。

平成十六年（九気暦の「五」）は、メシアの救い主が神幽られて三十年のミロク「三十字」となっています。

平成四年の神開く（「ラ」開く）八年までは、ミロクの言霊通り十八年、そのあとは同様にメシアの十二年で、神のご経綸は言霊通りピッタリです。

主座建立から十七年の「神成る《カミナル》」の年は、「神・人一体で大事な四二《よに》（世）なるよ」のおコトバ

青（東南）	赤（南）	黄（西南）
青（東）	黄（中央）	白（西）
黄（東北）	黒（北）	白（西北）

九気（星）定位盤で

四	九	二
三	五	七
八	一	六

九気（星）定位盤

七	三	五
六	八	一
二	四	九

平成四年の九気（星）盤

（地図とは北が逆）

通り真光（崇教真光）立教四十二年を経て、同四十五周年にス神さまお出ましの立春の年を迎えることになりました。

死産、先天異常が多発するクローン動物

世界中をびっくりさせたホ乳類の体細胞クローン羊「ドリー」が、不自然な乳腺細胞の核抜き未受精卵への移植という人的な生命操作で外観は生殖に似た形で生まれたのも、「無」→「有」で生まれてくる胎児にとっては、〝食べたものが血となり肉となる、生殖細胞にもなる〟（「火・水・土」）ための体外器官（出生後取りはずされる）が必要ですから、ホ乳類では未受精卵の生殖細胞質に卵黄嚢・胎盤造血（代理母からもらった血で自分の血をつくる）の「陽・陰」のムスビの力が用意されていたのです。

ただし、正常な受精である「火・水」（「精子・卵子」）のムスビのほうがありませんから、〝老化〟して生まれています。

赤血球から乳腺細胞になった「霊体」の血肉化で、「火・水」のムスビがないのですから当然です。

「ドリー」は、遂に〝早過ぎる老化〟で安楽死させられました。その新聞見出しだけでも見て下さい（熊本日日新聞から）。

「クローン動物に流産や死産、先天異常が多発することは既に明らかになっており、安全性を含め、クローンはまだ技術として確立されたとは言えない」

——の記事を付けておきます。

細胞分裂を伴う細胞培養によるクローン技術の確立が、分化した体細胞の乳腺細胞を元に戻して初期（胚）化、個体となる全能性を回復させたとみていますが、人為的なものはあくまでも「水」（細胞・DNA・セントラルドグマ・物質）だけの生命観による枝知です。

「火・水・土」の〝血となり肉となる、生殖細胞にもなる〟がなく、進化論の土台である「水」の単細胞生物、多細胞生物とも細胞分裂一辺倒で増殖する——の理論が基本となっているからです。

ドリー 体細胞クローン羊
「早過ぎる老化」… 安楽死

誕生時、既に「親」の年齢？

老齢性肺疾患
平均寿命の半分 6歳

ドリー安楽死

高齢羊に多い関節炎も

クローンとの関連
「究明は非常に困難」

ドリーに関する新聞見出し

遺伝子組み換えの問題点

植物は特に土と一体でつくられてムスビの力が強く、細胞一個にも受精卵（胚）のような全能性を秘めていて、細胞・組織培養でもその力をひき出せることが「水」の生命観を一層強固なものにしています。

「遺伝子組み換えの技術」図を見て下さい。

遺伝子組み換え作物の作出技術の主な方法は三つですが、いずれもバクテリアなどの遺伝子の一部を植物細胞に入れ込み、細胞培養のあと再生させています。「ドリー」の場合は、細胞培養した乳腺細胞を移植する「土」の未受精卵が必要でした。生殖細胞系（「土」）は、神のムスビの力でつくられていますから、生殖細胞系なしで個体に育つ植物の細胞は動物に比べてムスビの力が強いといえます。

植物の細胞は、土と一体の力です。「天・空・地」（「火・水・土」）は三位一体で、生命は土玉の

遺伝子組み換えの技術

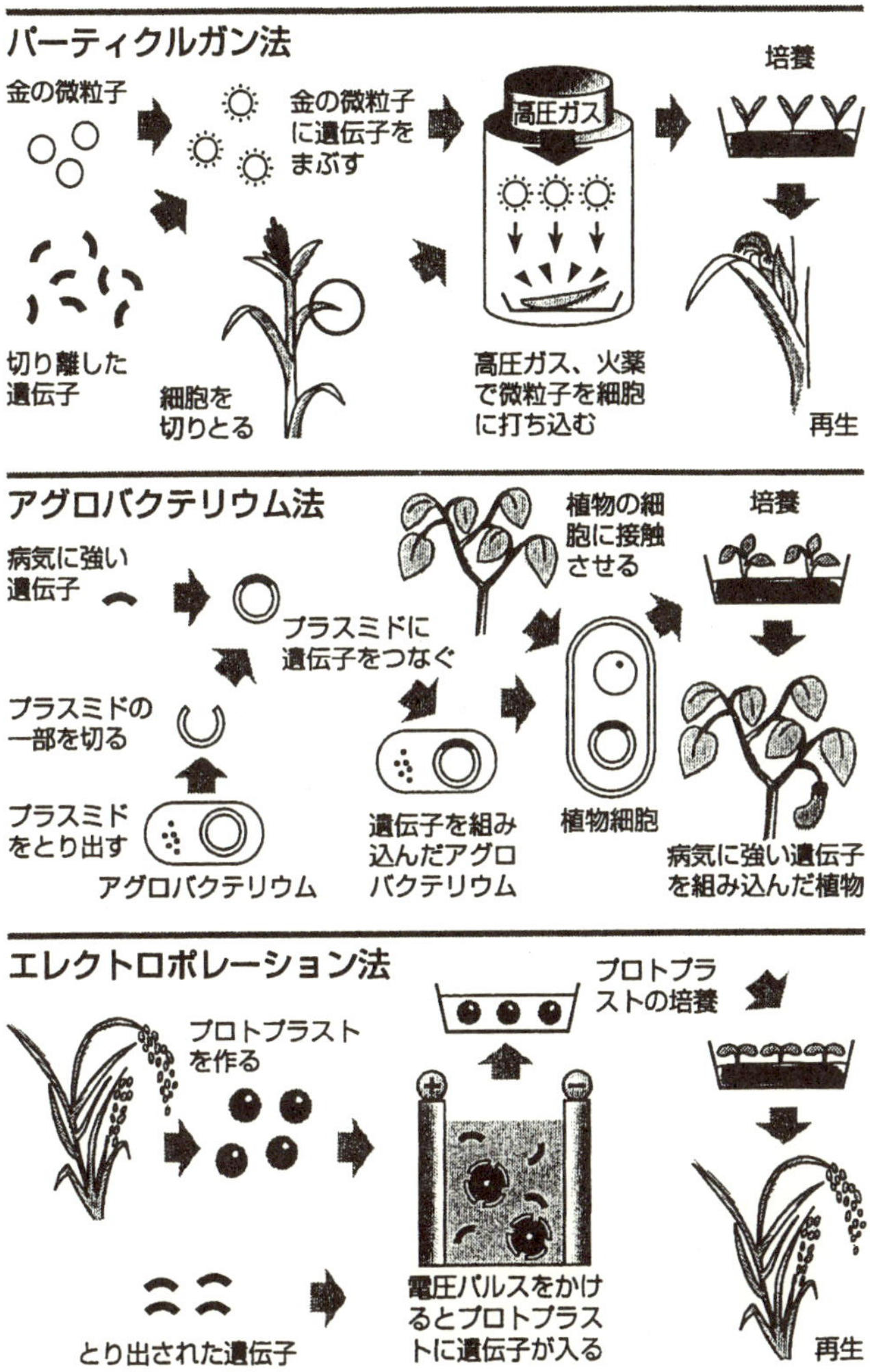

（『禁断の革命』渡辺雄二・著、デジタルハリウッド出版局）

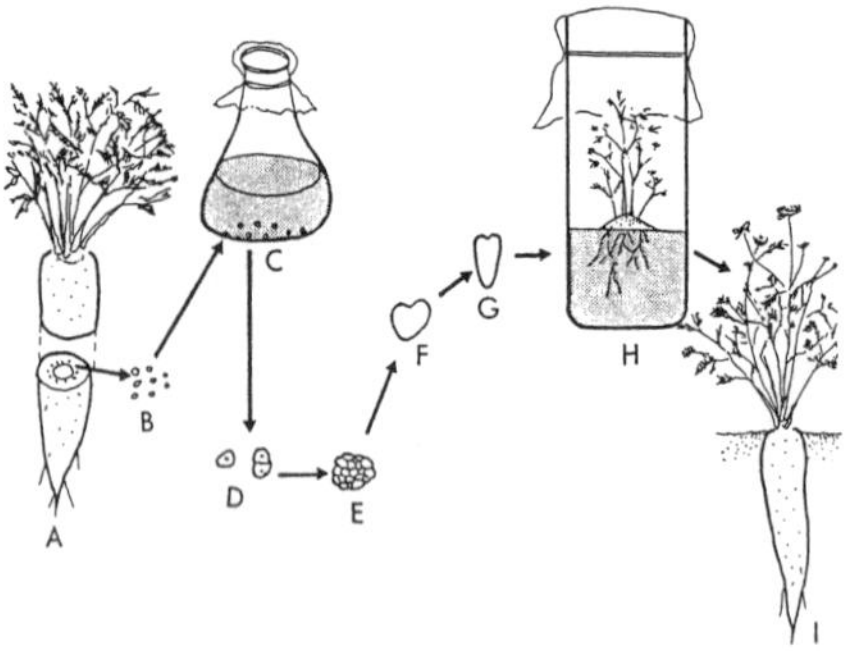

ニンジンの細胞を培養して完全な植物体をつくったスチュワード（F. C. Steward, 1963）の実験。ニンジンの篩部の切片2㎎（B）をガラス器内の培養液（C）で育てると、単細胞が遊離してくる（D）。培地の中で胚発生を行なわせると、ハート型胚（E）、魚雷型胚（F）を経て、完全な植物体に成長する（H）。これを取り出して土に植えれば、花が咲いて種子を作る（I）。

（『植物的生命像』古谷雅樹・著、講談社ブルーバックス）

地球だけですから土（地）が土台です。抗酸化・蘇生型の土壌微生物の優勢な土の復元が、生命・環境問題解決の基底にあることを智りましょう。

「一度分化した体細胞の植物細胞に個体発生の全能性が保たれていること」を実証したイギリスのスチュワードの実験を見て下さい。

ニンジンの細胞培養で「不定胚」が形成され植物の〝血〟をつくる根が出て、完全な植物体に成長しています。土に植えると花が咲いて種子をつくっていることに注意しましょう。「胚」は動物では発生を始めた受精卵です。植物の場合、たとえば葉という既に分化した体細胞であったものが、組織・細胞培養で増殖するときには、葉の組織としての特徴を失って「脱分化」、未分化の細胞塊となり、初期胚化して再分化し全能性を発揮するわけです。

遺伝子ＤＮＡの存在様式そのものが、赤血球の中にＤＮＡが生じる（ＤＮＡ化）神の創造を示していました。多細胞生物（真核生物）は、ＤＮＡのうち大部分の九五〜九七％のものが遺伝子として働かずガラクタ遺伝子と呼ばれていますが、神は無駄を創りたまうことは絶対ありません。大腸菌などの単細胞生物（原核生物）は、ＤＮＡの複製を伴う細胞分裂一辺倒で、ＤＮＡ即遺伝子となっていて、ガラクタがありませんが、多細胞生物は細胞分裂でなく、吸収された（食べた）ものが〝血となり肉となる〟ですから、ホ乳類では赤血球のＤＮＡ化のあと三〜五％だけを遺伝子として働かせ、細胞にあるセントラルドグマ（ＤＮＡ――ＲＮＡ――タンパク質）がタンパク質をつくっています。

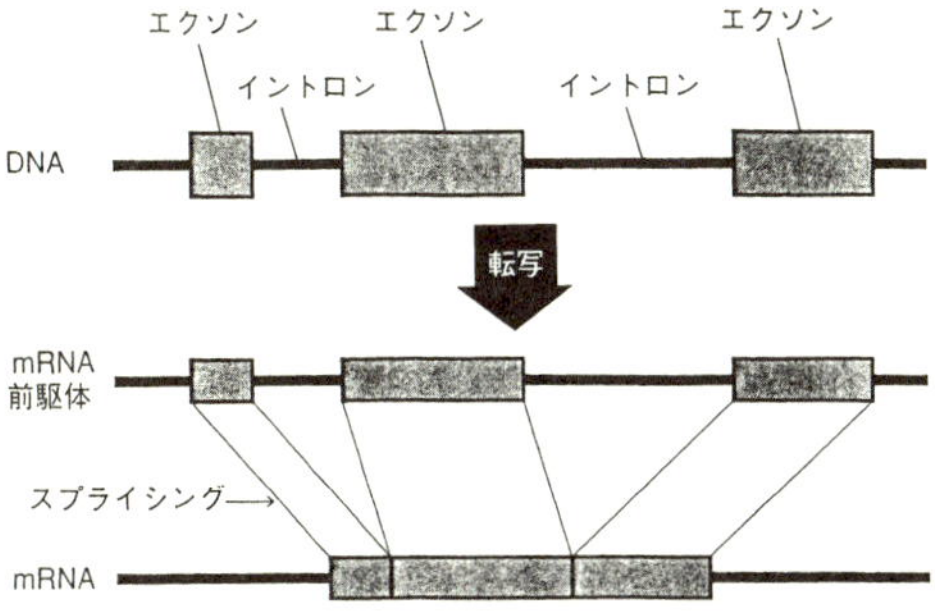

転写とスプライシング

多細胞生物は、ホ乳類では赤血球のＤＮＡ化のあと三〜五％だけを既成理論のいうガラクタ遺伝子（介在配列＝イントロン）の間に断片化して存在する遺伝子ＤＮＡ（構造配列＝エクソン）だけを寄せて（スプライシング）編集することになっています。
既成の生命科学は、神が「無」→「有」で物質化したＤＮＡのタンパク質が生命現象の基本で、遺伝子ＤＮＡの突然変異で単細胞生物から多細胞生物へ進化したとしていますから、遺伝子組み換え作物・食品の技術開発となったわけです。

自然界では低いＤＮＡの突然変異の頻度を人為的に効率化し、よりよい作物を得る道がひらかれたと考えていますから、「種の壁」を越えた遺伝子組み換えであっても、「大先輩であるバクテリア（単細胞生物）たちの生存戦略の知恵から学んだもので、ＤＮＡという物質のレベルでみればみな同じであり、自然の摂理の一環として把握すべき」としているのです。

除草剤耐性のラウンドアップ・レディについて、モンサント社は、一九九六年度の大豆については実際の農地での農薬使用量の減少が認められたとしています。しかし、今日開発されている遺伝子組み換え作物・食品の大半が自社の農薬の使用を前提とした除草剤耐性を目的とするものであることを考えると、各メーカーにはそれぞれ自社の農薬の売り上げを拡大するという意図があることは否定できません。

結果的に、たとえばアメリカの農地全域において、実際に各社がそれぞれの除草剤耐性の遺伝子組み換え種子を販売した場合に、農薬の総使用量が減少するかどうかには相当に疑問があると考えられます。イギリス農用化学物質協会では、「除草剤耐性作物は一九九七年のアメリカの除草剤の売り上げを増やすものと見込まれる」と発表しています。さらに同じ文献によれば、昨年の世界的な農薬の売り上げは、三年間引き続いて、一九九五年対比で三・六%(金額として三一〇億ドル)上昇した、と述べています。

他方で害虫抵抗性のトキシン関連遺伝子を組み込んだ遺伝子組み換え作物・食品の場合には、原則的にその害虫に対する殺虫剤の使用は不必要であるはずです。事実、アメリカでは遺伝子組み換え作物が普及したことによって一二〇〇億円相当の農薬散布費用が節約されたという報道もあります。しかし、その一方でアメリカでは害虫の大発生によって遺伝子組み換え作物・食品が被害を受けるという事件が発生したことが報告されており、遺伝子組み換え作物・食品が企業側のいうように、必ずしも確実に農家にとって有利、万能、不可欠であるというわけではないことがわかってきています。

また、トキシン抵抗性作物の一般化にともなって、害虫がそのトキシンに耐性をもつような事態が出現することも予想されており、その時点で再度新しい遺伝子組み換え作物・食品の開発や農薬の使用が必要になるというような悪循環が始まるようになるかもしれません。

遺伝子組み換え作物の生態系影響についても、バチラス・チューリンゲンシスの遺伝子を組み込んでＢｔ毒素をつくらせて、害虫を殺すようにつくられたＢｔトウモロコシの花粉をかけた葉を食べさせたオオカバマダラという蝶の幼虫の四四％が死にました。

この蝶は世界的によく知られた、最も愛された昆虫の一つであるとされています。これはＢｔコーンの花粉が飛散した場合に、この畑の周辺に生息する蝶を殺し、絶滅に追いやる可能性があることになるということです（『遺伝子組み換え食品を考える事典』藤原邦達・著、農文協から）。

生命は高次元の世界

宇宙物理学および生物学の理解でも、ともに大宇宙は「無」からつくられ、生命はヒトの場合「無」の構造の一ミリの十分の一ほどの受精卵（精子・卵子も「無」）から「無」→「有」で生まれているのは事実――と言っています。「無」の〇の霊体が〝先〟なのです。ホ乳類のＤＮＡも赤血球から「無」→「有」で出来てきます。

農薬も、合成化学物質である環境ホルモン同様〝毒〟なのです。

新生児は、出生後間もなく善玉菌が腸から出現してきます。植物同様に霊体が土の気で醸されているからです。自然と一体で神がつくられています。EMなどを使って自然と一体の土の力を向上しなければならないのです。

既成理論の「生物とは何か」を追加しましょう。

生物とは、DNAとタンパク質が重要な役割をになっている巧みな機能を示す物質機械にすぎない。タンパク質と核酸の世界から見れば、ウイルスも、細胞や生物も質的な違いはない。だからこそ一九五〇～六〇年代の分子遺伝学・分子生物学の勃興期に、ウイルスはきわめて重要な研究材料として用いられたのです。

現存する生物や過去に絶滅した生物の祖先を、はるかな過去までたどっていけば三十億年以上前に存在していたであろう原始細胞にまでたどりつきます。

ともかくも地球上に原始細胞が生まれ、それから以降は、この原始細胞から多種類の生物が生物進化によって生みだされてきました。現在の地球上の生物は、すべてがこの原始細胞を祖先にもつのです。いわば地球上の生物は一家系なのであり、そのために生物は共通性をもっているのです。DNAとタンパク質の関係、タンパク質合成系、遺伝暗号などが共通しているのは、地球上の生物が一家系であるからです。遺伝子のDNAを、ある生物から他の生物へと移し変えるような、遺伝子組み換えの手法が可能になるのも、このような物質レベルの共通性があるからなのです（『遺伝子組換え食品』川口啓明、菊地昌子・共著、文春新書から）。

植物の種子は、芽、根が出て土に根を下ろし、栄養吸収＝【即】造血など自然に開放され、一体となって葉（枝）―花（実）と「火・水・土」で成長しますから、動物の〝体外器官〟の胎盤（ヘソ）は植物と一体の大自然を取り込んだ土《つち》といえます。

生命の存在は土玉の地球だけですから、大自然＝土《ツチ》↓土《つち》（ひらがな）となります。このため土壌善玉菌と相似の腸内善玉菌が誕生後に「無」↓「有」で出てくるわけです。

卵子の生殖細胞質には、土壌微生物と同じ原核生物の共生説が出ている細胞内小器官のミトコンドリアがありますが、体細胞のそれに比べて驚くべき数にのぼり、核DNAとは別の独自のDNAをもち、タンパク質を合成しています。生殖細胞は神のムスビの力で土と一体でつくられた「土」だからです。細胞分裂一辺倒は否定されますから、共生説はあり得ません。

このように、生命は目には見えない高次元の世界を含めて自然と一体の「火・水・土」でつくられていますから、「タテ・ヨコ」十字のムスビの神のみ力、み働きを、三次元的な「ヨコ」(「水」)だけの人知で神を否定して生命操作はやるべきでないことは明らかでしょう。

陰の気は多重多層構造になっていると察せられます。食べる(吸収される)ものは、私たちにとって環境汚染物質である炭酸ガスやメタン、アンモニア、硫化水素などの無機質を食べてアミノ酸、糖類などを出している嫌気性土壌微生物がいて、EM(有用微生物群)効果・現象でもエサを交換し合っており、土壌微生物の種類は天文学的数にのぼるといわれています。また一般の動物の有機質の食べ物も種によって異なるなど多数あるからです。気の研究からも多重多層構造が推定されています。

これは、食物連鎖によって吸収される栄養が違っていても、〝血となり肉となる〟で主要生体分子のアミノ酸(左型)と核酸(DNA、RNA=右型)が出来る体の仕組みが備わっていることになります。

炭水化物を栄養源として吸収、DNAの複製と分裂を重ねながら増殖している微生物の体を見ても、七〇~五〇%ものタンパク質、一〇%の核酸が含まれていることがわかりましたが、炭水化物を食べて、神のみ光・「陽」によって〝大量〟の左型アミノ酸・タンパク質と右型ＤＮＡがつくられているわけです。神のみ光・「陽」とムスバれる「陰」は、物質化の小さい（少ない）、したがってレベルの高いものほど消化・吸収されやすく、生命力の高い、さらさらしたきれいな血がつくられるでしょう。

植物でも、無機質の形で吸収された窒素と当初から有効アミノ酸の形で吸われる窒素は、有機態のほうが吸収速度がはやく、品質や収量でも著しい差異が認められます。このため、物質化の大きい、レベルの低い高タンパク、高脂肪の動物性食品より、炭水化物が主成分で、低タンパク、低脂肪で繊維が多く、水分の多い新鮮な野菜や果物が、生命力の高い栄養満点の食べ物といえるでしょう。果物と野菜ならどれにでも必須アミノ酸のほとんどが含まれています。植物中に含まれているアミノ酸の量は、肉や魚などに含まれる量より多いのです。牛肉などのタンパク質も、結局はアミノ酸まで消化されてからでないと小腸で吸収されません。

繰り返しになりますが、この神のみ力、み働きの秘密がわかると、微生物同様に炭水化物が主成分のサツマイモを主食として魚や獣肉をほとんど食べないニューギニアの高地に住むパプア族の人たちが、健康的で筋骨たくましい体格をしてよく働いていることが納得できます。

栄養学的には、一日に必要なタンパク質の所要量の四分の一から五分の一の摂取にすぎず、いつもタンパク質欠乏の状態で生きていることになるのですから、「動物性のタンパク質こそ、最も重要な栄養素」というタンパク質信仰は誤りでしょう。むしろ逆に、ムスビの力が強い植物性の食品の野菜や果物、穀物などのほうが生命力が強い食べ物といえます。

生《ナ》った実の果物は、ミロク「火・水・土」（五・六・七）で七《ナ》（成・生）った「土」ですから、ムスビの力でつくられます。実は枝には出ず、無い所に「無」→「有」で出てきます。しかもたくさん生《ナ》ります。腕力の強い動物のゴリラのスタミナ源は肉ではありません。貪欲な果食動物なのです。パプア族のスタミナ源のサツマイモも芽や根が出て種イモになりますから、ムスビの力が強いといえます。種子（受精卵）は「土」です。胚芽米も同じです。

〝血となり肉となる生殖細胞にもなる〟（「火・水・土」）の「土」である生殖細胞系に異変を来たしている合成化学物質の環境ホルモンは、「左〝先〟・右〝後〟」の神のムスビの力をソグ、最たるものといえます。「無」→「有」の受精卵の発生にとって合成化学物質は本質的に〝異物〟であり、「左〝先〟・右〝後〟」の神のみ働きに逆らう「右〝先〟・左〝後〟」の女性ホルモン類似物質・男性ホルモン遮断物質として働くからです。（本文参照）

同様に、根と相似の小腸での赤血球産生も「陽・陰」のムスビの「無」→「有」ですから、合成食品添加物の化学調味料、防腐剤、酸化防止剤、発色剤、着色料なども本質的に〝異物〟とみなすべきです。

パプア族の人たちの主食であるサツマイモは、合成化学物質である農薬に汚染されていない健全な食品で、当然、赤血球がつくられる土《つち》である彼らの腸内は善玉菌の優勢な抗酸化の環境が保たれていることでしょう。驚くべきことに、繊維の多いサツマイモばかり食べているような彼らですが、ガス（おなら）がほとんど出ないということです。

生命の有無にかかわらず働く蘇生力

受精卵が「無」の構造をしているのは、発生が肉の眼には見えない「無」（〇・零）の「霊体」の「無」→「有」の血（土）肉化だからです。したがって、乳腺細胞を未受精卵に移植して生まれた「ドリー」は、乳腺細胞の「霊体」が〝血となり肉となる、生殖細胞にもなっ〟（「火・水・土」）て生まれたことになります。

これを、既成理論は「水」だけの理論、「細胞分裂一辺倒」ですから、乳腺細胞まで分化した細胞が細胞培養によるクローン技術の確立で、同細胞がリセットされて脱分化、正常な生殖の受精卵同様の形で発生した——とみていることになります。受精卵は精子と卵子の核が合一してつくられますが、本当は「霊体」の融合で核が合一するわけです。霊（〇）が〝先〟です。
ムスビとは産霊《ムスビ》で、「霊体」の融合で新しい「霊体」が出来ることです。生殖細胞系が「無」の構造をしているのはこのためです。一個の細胞も「霊体・幽体・肉体」のミロクになっています。赤血球産生は「陽・陰」の産霊ですが、生殖細胞系（「土」）は「火・水」の産霊でつくられます（本文参照）。

天地一切、三位一体のミロクの大原理が貫いていますから、「火・水」・「陽・陰」の産霊の力は「火・水・土」の土を産む産土力となって生命《イノチ》の土玉の地球がつくられました。同様に「火・水」（「精子・卵子」）の産霊で土と一体でつくられた受精卵・「土」は、「陽・陰」の産霊で「火・水・土」となる赤血球が出来てきます。

ともに「無」→「有」の無限力ですから相似となります。このため四十億年の生命の進化の歴史を刻む遺伝子DNAが赤血球の中に「無」→「有」で生じ、受精卵の個体発生は、生命進化の系統発生を繰り返します。

物理学によっても、「宇宙が時間・空間も物質もない全くの『無』から誕生したのであれば、『無』の世界から生み出されるのは、粒子ではなくて、粒子よりはるかに微小で無限といっていいエネルギーをもった時空」ということです。食べたもの（「陰」）が赤い血となるには神のみ光・「陽」が必要ですから、「陽」・「陰」は天地に満ちあふれていると拝察されます。

このことは、宇宙論最大の謎「宇宙全体に暗黒物質（ダークマター）が満ち満ちており、銀河および銀河集団の形成や進化において、暗黒物質が決定的な役割を果たしている」の暗黒物質の正体を解くカギとなります。生命・宇宙とも「火・水」・「陽・陰」の産霊で「無」→「有」でつくられているからです。

「火」の火の玉ビッグバンを経て普通の見える物質（「水」）がどれくらいつくられたかは、理論計算と観測によってかなりはっきりわかっています。ところがそれだけでは大分足りません。その量は普通の物質の十倍、場合によっては二十倍以上にもなるのですから、ただごとではありません。

「こんなことがあり得るだろうか。あるとしたら、それをどう考えたらよいであろうか」と、正体不明、形状不明、分量不明の宇宙の探し物に天文学者たちは頭を悩ませているのです。

「火・水・土」の大原理による「無」→「有」の神の創造ですから、物質化された「水」（物質・DNA・細胞・タンパク質）を基礎に据えた人知の理論では本質的な理解はできません。体細胞の核を未受精卵に移植してつくる体細胞クローン動物は、やはり正常な生殖の「火・水」の産霊（受精）を省いていますから、成功率が低く、生まれてもさまざまな病気で長生きできないことが多いことが明らかになってきました。生命力が弱いのは当然です。

英紙サンデー・タイムズによると、世界初の体細胞クローン動物の羊「ドリー」の生みの親、英国のイアン・ウィルムット博士が「すべてのクローン動物には、遺伝子に何らかの異常があるとみられる」との調査結果を発表しました。博士は世界中のクローン動物を追跡調査した結果、羊の場合、体の肥大化や心肺機能の欠陥、牛の場合には多くの流産、マウスの場合、胎盤が通常の四倍に肥大などが頻繁にみられたほか、発育障害や免疫機能不全もありました。「ドリー」についても、五歳半では通常かからない左後ろ脚の関節炎が見つかっているといいます（日本経済新聞から）。

また、生命誕生後に抗酸化・蘇生型の善玉菌が土《つち》である腸内に「無」→「有」で出てくるのと同様に、高温で火の玉だった原初の地球で腸内善玉菌と相似の土壌微生物が「無」→「有」で出現したと推察されます。「超科学」的なＥＭ（有用微生物群）効果・現象でもそのようになっていて、土と土壌微生物は一体です。土の霊が〝先〟にあったということです。物質もはじめに霊成型があって「無」→「有」でつくられました。

ＥＭ技術を開発した琉球大学・比嘉照夫教授の言われる通り、地球生成時、五〇〇度以上の高温に耐えられる酸素が大嫌いで現在の地球の汚染物質である炭酸ガス、メタンガス、アンモニア、硫化水素などが大好きな嫌気性土壌微生物が存在して、その汚染物質をパクパク食べ、植物などの栄養となるアミノ酸、有機酸などを分泌して猛烈に繁殖してクリーンにした。その結果、炭酸ガスによる温室効果を減少させたため地球は一〇〇度以下に冷却された――ということになります。

比嘉教授は「ＥＭ効果の基本はＥＭがつくり出す強い抗酸化作用とこれに連動する超高周波で超低エネルギーという常識的には相反する特異な磁気共鳴的な波動」と言われますが、「火・水」・「陽・陰」の産霊の力が産土力となって土玉の地球が誕生した土の力のミニチュアなのです。万生・万物を創られた根源的な力の「超科学」的波動で、酸化・崩壊の方向とは逆の強い抗酸化力ですから、生命の有無にかかわらず産ます力の蘇生力が働きます。

このため、人間がつくり出した最強の酸化促進物質（フリーラジカル）である放射能やダイオキシンでも無害化する力があり、酸化・劣化した一種のバラバラの状態の物質が産霊（結び）でつくられた元の純粋な形へ再生し、その物質固有の正しい波動を出すようになります。アルコール飲料や濃いコーヒーなどに超科学的波動を接触させると、味がマイルドになります。米の生産をみても、日本の米の最高記録は十四・五俵ですが、ＥＭ使用ではなんと三十俵を超える記録が出ています。

土をつくった嫌気性微生物たちは、ＥＭの祖先といえます。地球をクリーンにし、動植物の栄養源となるアミノ酸、糖類、ビタミンなどを生成した土の力（蘇生型土壌微生物を含む）と植物の力が一体となって石炭紀には大森林が形成され、今日の物質科学を発達させるための鉱物資源の基がつくられました。

人類は、神の産霊の力で出来た石油、石炭や各種の鉱物資源を使いはじめ、大量生産、大量消費はもとより、至るところで多量のエネルギーや化学物質の使用を増やし、エントロピーを増大させた結果、地球温暖化など環境を破壊し、危機的状況を迎えています。

物質を基礎に据える物主（「水」主）の現代科学技術および生活スタイルがすべてエントロピー増大の汚染放出型となっているからです。

物理学によるエントロピーの法則では、エネルギーや物質が使用されると、最終的には回収・再利用不可能な汚染が残るということになります。

たとえば、石油を燃やしてエネルギーを取り出すと、使われたエネルギーは熱として空気中に散らばっていき、再びかき集めることはできません。また、熱の放出とともにエネルギー源であった物質はバラバラになり、再び回収できないということになります。

「あらゆる自然現象は秩序から無秩序への一方向にのみ進んで、逆転することはない」――といいます。

恐怖のエントロピー増大

このため地球温暖化、オゾン層破壊、水質および土壌汚染など環境破壊はすべてエントロピー増大によって引き起こされたもので、既に許容の限界に達しているにもかかわらず、化学物質や機械的方法の物質科学に基づく対策だけでは、いかなる努力をしても人類の破滅は先送りされるだけということになります。

世界自然保護基金（ＷＷＦ、本部・スイス）が二〇〇〇年（平成十二年）十二月七日までにつくった、有害化学物質による汚染が深刻な地域十カ所を選んでまとめた「化学物質汚染マップ」を見ても、汚染が地球全体に拡大していることがわかります。

環境や健康に有害な物質をつくり出す物質を一般に環境汚染物質と称していますが、エネルギー的にみればエントロピーの増大であり、化学的な面から考えると、フリーラジカル（酸化を促進させる物質）の多発現象です。この現象は物質が酸化還元作用によって劣化し破壊される過程に起こります。

有害化学物質 深刻な10ヵ所地図に

離島、北極までも

WWF報告

汚染 地球全体に拡大

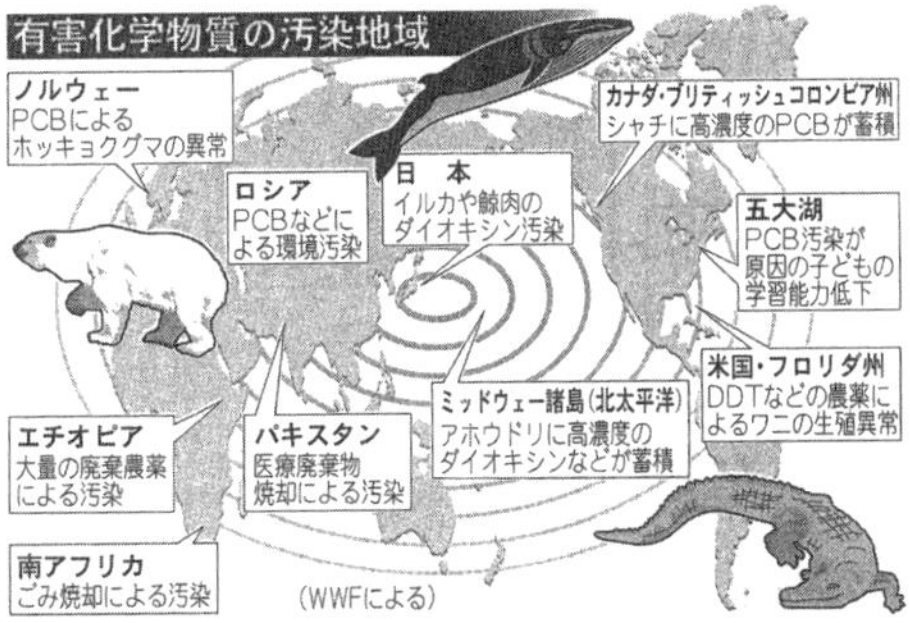

（熊本日日新聞・共同通信配信から）

生命の〝血となり肉となる〟は、神の産霊の力の「無」→「有」で、ケミカル・マシンではありませんから、フリーラジカル誘発作用の強い化学肥料や農薬を多用して作物を栽培すると、結果的に健康を損ねる食物をつくることになります。

畜産や水産養殖に使われる抗生物質や防腐剤、成長ホルモン剤、栄養強化剤なども農薬や化学肥料と全く同じなのです。

フリーラジカル誘発物は、排気ガス、排煙や食品・医療の現場で使われる各種の殺菌消毒剤はもとより家庭、職場でのチリ、生ゴミなど廃棄物を処理していかにきれいに見えても、消毒剤を使ったり焼却したり埋め立てた場合でもさまざまな形でフリーラジカルが発生しています。

このようになっていますから、環境問題の深刻さは人間の日常の生活様式や経済活動を活発にすればするほど過剰なフリーラジカルを多量に放出し、崩壊の方向を加速度的に拡大するという、解決困難な構造的な自己矛盾を抱え込んでいることにあります。さらに、化学物質や機械的方法で環境をいかにクリーンにしても、現在の手法では結果的に常にエントロピーを増大させ、フリーラジカルを多発させる構造になっていることを認識すべきです。

そのうえ、これら各種の汚染の増大は、酸化環境を好む悪い微生物を極端に増やす構造的な仕組みをつくり上げてしまいました。悪い微生物、すなわち有害な微生物は、活性酸素・フリーラジカルを誘発する強い酸化酵素をもっています。したがって、悪い微生物が増えると、環境中の活性酸素やフリーラジカルも増大してあらゆるものを有毒化する性質が強くなります。

そのため土壌中でおとなしくしていた化学物質や重金属も有害化し、その他の化学物質や酸性雨の害も著しく増幅して病害虫も多発します。物質的なヨコの酸化・劣化に働く腐敗菌による無機化でなく、植物の根を活性化し清浄な〝血〟をつくるため、ＥＭのような善玉菌によってアミノ酸や糖類など有機物として可溶化・再利用がエントロピー発生防止の最も基本的なことです。「環境浄化の原点は生ゴミ処理（比嘉教授）」となります。

有機物の有機的可溶化のため、ＥＭのような発酵によるエントロピーの発生しない系と、無機化の過程で発生する炭酸ガス、硫化水素、アンモニアなどのエントロピーを合成的に回収する系の組み合わせの抗酸化・蘇生型の微生物群が必要となるわけです。

内実は単なる先送りの京都議定書

日米欧に発展途上国を交えた激しい交渉の末、こぎつけた京都議定書の採択から七年近く、ロシアのプーチン大統領が同議定書批准法案に署名したことで、平成十七年二月十六日に発効となり、先進国に温室効果ガスの排出削減を義務付けた歴史的な温暖化防止の枠組みがようやく動き出します。

しかし、地球温暖化の被害を防ぐという気候変動枠組み条件の目的達成のためには、今後の五十～百年間で五〇％以上という大幅な排出削減が必要としていますが、排出削減は容易ではないし、米国を国際的な枠組みの中に引き戻し、同時に発展途上国の排出増にも歯止めをかけるということも確かに困難です。

さらに同議定書の主な議題をみても、葉における光合成で森林が吸収する二酸化炭素の量の算定方法と各国の排出量から森林が吸収する二酸化炭素の量の差し引く方式をめぐってであり、根（「火」）の造血活性化と土（蘇生型土壌微生物を含む）の力を回復する問題がありません。

これでは、たとえ円満にまとまったとしても、ミロク「火・水・土」のうちの「水」だけですから、根本的な解決は先送りされるだけです。

ＥＭ効果・現象は、「水」だけの既成の学問体系の中での説得がむずかしいため、現場先行型で実証的な好成果を世界の多くの国々で多数積み上げてきましたが、千島理論同様に神の創造の土の力として「火・水・土」のミロクの大原理に位置付けられたわけです。

ＥＭ技術は、自然＝神とする神・人、自然・人一体の技術といえます。

私たちは、「火・水・土」の産土力となる、生命科学最大の謎を解き、神の創造を示す「左〝先〟・右〝後〟」の「火・水」・「陽・陰」の産霊の力で創られ、生かされていることを智らねばならない天の時が来ました。同時に人知・人力・物力の限界を知らねばならないのです。

ＥＭの「超科学」的波動と連動する強力な抗酸化力は、産霊の力でつくられる〝食べた（吸収された）ものが血となり肉となる、生殖細胞にもなる〟（「火・水・土」）そして〝土に還る〟の清浄な「チ」（霊《チ》・血《チ》・「土《チ》」・土《チ》）の循環のためのものなのです。

生殖細胞が「土」となっているように、生命・自然（土）は一体でつくられ、「火・水・土」（吸収されたものが〝血となり肉となる、生殖細胞にもなる〟）、「天・空・地」、「霊体・幽体・肉体」、「日・月・地」…と三位一体ですから、ＥＭ効果・現象は『環境・食糧・健康（医療）は同源』で、「微生物・植物・動物」は三位一体であることを教えています。

農薬などに汚染されていない土で育った健全でおいしい高品質のものを食べなさい――ということです。

生命・自然が一体とは――はじめに抗酸化・蘇生型微生物と一体の土があった！　ついでその土と一体の根で〝血〟をつくる多細胞生物の植物が登場した！　そのあと土と一体である植物器官を動物器官の体内に取り込んだ土《つち》の腸造血の動物がつくられた！　のですから、土の汚染・酸化・劣化は水や空気も汚し、地球上の全生命を弱めます。外部環境としての自然が汚染されれば、内部環境としての生命体が汚染されます。比嘉教授が言われるように、農業は国の基《もとい》、世界人類の基《もとい》なのです。

また、「微生物・植物・動物」は三位一体で、人体内部にも百余種、百兆個の微生物が存在するといわれるように、地球の生物は空中、地中、水中に限らず生命体内もすべて微生物の海の中で生きていて、物質文明はエントロピーの増大とフリーラジカル（酸化を促進させる物質）を多発させて酸化・腐敗型の悪い微生物を極端に増やす構造的な自己矛盾を抱え込んでいますから、「諸悪の根源は深刻な微生物汚染を招いたことにある」といえるでしょう。

猖獗《しょうけつ》を極める感染症——〝最後の砦〟といわれた抗生物質バンコマイシンに対するスーパー耐性菌の出現は、医療の世界を根底から揺さぶり始めています。増加する院内感染でも、WHO（世界保健機関）は、二〇〇〇年六月、「世界中の院内感染の六割は耐性菌によるものだ」と深刻さを強調、同年七月の九州・沖縄サミットでは、「感染症対策に主要国が一体となって取り組むこと」が表明されました。

さらに、相次ぐ新しい病原体の発見だけでなく、衛生環境の整備やワクチン、抗生物質などによってその発生が抑えられ、もはや脅威ではなくなったと考えられてきたコレラ、結核などの病原体が再びぶり返してきています。

これらの耐性菌や院内感染対策でも医師たちの協力でEMは成果をあげていて、バンコマイシン耐性菌にも効果があるといいます。

抗酸化作用の強いEM—X（EMの抗酸化物質を分離、抽出し濃縮したもの）を飲用することで動物や人間の体内の微生物相がいつのまにか善玉菌に変化し、その善玉菌の生成する多様な酵素が免疫力を高めるという相乗効果のあらわれとして説明することも可能です——と比嘉教授。

耐性菌の恐怖は、実は予見されていました。

最初の抗生物質ペニシリンを発見したアレキサンダー・フレミングは一九四五年、ノーベル生理学・医学賞を授与されましたが、彼は「奇跡の薬」、「万能薬」と礼賛する新聞記者のインタビューに対し、「ペニシリンにも欠点があります。それは耐性菌の問題です。ペニシリンは決して万能の薬ではないのです。誤った使い方をしていると、将来、大きな失望をすることになるでしょう」と答えているのです。

彼の研究室で既に、細菌にペニシリンを与え続けていると、はじめは細菌を殺せていたのが、そのうち効かなくなることが実験で証明されていました。

細菌はさまざまで、かつ巧妙な薬剤耐性獲得のメカニズムを備えていることがわかってきました。このため、新しい抗生物質の開発から多くの製薬会社が撤退を始めました。有効な抗生物質はほとんど発見し尽くされた、あるいはそれに近い状態にあり、研究投資効率がきわめて悪化してしまいました。さらに莫大な開発費を投資して抗生物質を開発しても、数年で耐性菌が出現してしまっては投資額を回収できない恐れが多分にあることを経験してきたからです。企業は病原菌に〝白旗〟

を掲げてしまったのです。

大阪大学・微生物病研究所の本田武司教授は「いよいよ〝魔法の弾薬〟としてもてはやされてきた抗菌剤に頼り切る感染症治療はこのままでよいのであろうか——ということを考えなくてはならなくなってきた。二十世紀は、〝病原菌の発見と戦い〟の世紀であったが、二十一世紀は〝病原菌との共生〟の世紀となってほしい」と言われます。

期待のEM効果・現象

それにしても、畜産においては鶏などに対して治療・予防・成長促進のため抗生物質が餌や飲み水に混ぜて使われており、腸（土《つち》）造血を知らないとはいえ、長い目でみて憂慮に堪えません。自然界に広く分布し、人間の腸内にも常在している腸球菌で、バンコマイシン耐性のエンテロコッカス（VRE）という菌は、健康な人には病気を起こせないが、さまざまな原因で体力の低下をきたした場合に病原性を発揮し、いわゆる日和見感染を起こします。VREは欧米では数年来、院内感染の二〇％以上を占め、問題となっています。わが国でも、この菌の拡大が懸念されています。

ＶＲＥを生んでしまった理由として、ヒトへのバンコマイシン投与がひき起こした可能性より、家畜の感染症を減らし、成長を促すために飼料に添加されたバンコマイシンに似たアボパルシンという抗菌剤が原因となった可能性が高いといいます。

本田武司教授も「楽して経済性を追求すると、こういうシッペ返しに見舞われる。日本では数年前にこの使用が禁止されたが、当然なことである。むしろ、現在も家畜や養殖魚の飼料に添加が許されている抗菌剤についても再検討が必要ではないだろうか」と言われます。

比嘉教授によると、現今の地球の微生物生態系は、日和見菌や悪玉菌を中心に各種の耐性菌が増大する仕組みになっています。日和見菌は環境中のフリーラジカルが多くなると、ただの微生物から病原性の微生物に変身します。しかし、ＥＭを使い続けると病原菌は病原性を失い、日和見菌は限りなく善玉菌に近づき、増殖速度がはやくなるため、それらの変異菌は有害な病原菌や腐敗菌よりも先に増殖し多勢となって有害菌はその力を発揮できない状況となります。このような仕組みが環境や人体で働くと、微生物汚染の弊害をかなり抑制することが可能になるといいます。

自然の生態系の原則に従えば「有害な嫌気性菌の抑制には有用な嫌気性菌、有害な好気性菌に対しては有用な好気性菌で制御する」ことが鉄則だそうですが、ＥＭは蘇生型の有用な嫌気性と好気性の微生物を共存させた有用微生物群です。

また、どうやら「ウイルスはバクテリアやカビなどの汚染（フリーラジカル）によって免疫力が低下したときに感染する」という仮説が成り立ち、家畜はもとより魚介類においても類似の成果が得られるようになってきました。

ウイルスで壊滅状態に陥ったタイのエビ産業が完全に復活したのも、ＥＭを使用した結果です。現在問題となっている家畜の口蹄疫もＥＭとＥＭ―Ｘの併用で完治することが明らかになってきた――といいます。

被害者が増えているシックハウス症候群、シックスクールハウス症候群についても、建築資材や塗料またはシロアリ用の化学薬品、防腐剤等に含まれる化学物質の複合汚染であり、根本的な解決は、居住空間に存在する化学物質を無害化するとともに、それに連動した有害な微生物の密度を下げることが先決である――といいます。

同教授は、長年のＥＭ研究と普及の経緯から、環境回復など人類が地球規模で抱える諸問題について、地球のすべての人々がＥＭの効力を知って有効に活用すれば、数年できれいに片づく――という確信をもっておられます。

高齢になると、目や歯のタンパク質をつくっている左型アミノ酸が右型になって蓄積されることや、合成化学物質である環境ホルモンが産霊の力をソグ「右〝先〟・左〝後〟」の力として男性（「火」・「左」）化を妨げる働きをしますから、酸化・劣化は産霊の十字がホドケて右回転（◎）の力が働いた状態といえるでしょう。物質も「火・水」の産霊でつくられていますから、金属が錆びるのは同様な酸化作用の発現です。

錆びた釘にＥＭを用いると、錆びが消えピカピカに光ってきます。「左〝先〟・右〝後〟」の土の力が働いています。物質的に酸化・劣化のホドケた一種のバラバラの状態から元の釘へ再生したのです。錆びた釘は、普通ならエントロピーの増大でボロボロになっていきますが、ＥＭは自然現象の大前提となっているエントロピーの法則を覆したのです。

生命は「陽・陰」の産霊がホドケて赤血球がつくられなくなると死――ホトケ（仏）になります。神を表す絵文字は卐・卍です。卐は千島理論の〝血となり肉となる、生殖細胞にもなる〟の「左〝先〟・右〝後〟」。卍は同理論の〝肉が血となる〟の逆分化の「右〝先〟・左〝後〟」を示します。逆分化は多量の出血など緊急避難的に血がつくられるようになっているわけです。

既成理論は骨髄造血で、この逆分化を使っている形になっています。〝肉が血となる〟ですから「細胞・ＤＮＡ」が〝先〟、ＤＮＡ（右ラセン）がない赤血球（左型アミノ酸・タンパク質）が〝後〟で「右〝先〟・左〝後〟」の真如逆法です。

「ヒフミ」（「一二三」）のご経綸の「二」から「三」への天意の転換（〝天の岩戸開き〟）で、陰（副）神の卍から陽（正）神の卐へ政権交代があり、現世に移（写）って「左〝先〟・右〝後〟」の正法の千島理論が世に出る時が来ました。同様に、「左〝先〟・右〝後〟」の「火・水」・「陽・陰」の産霊でつくられた土の力のＥＭ技術が「火・水・土」のミロクの大原理に位置付けられました。千島喜久男、比嘉照夫両先生ともご経綸に沿って天（神）から授かったもの——といえるでしょう。

創造神は物質の開発を進めるご経綸上から十《火・水》のムスビ（産霊）をホドイて｜｜《火・水》とし、「水」主・「火」従のホドケの「二」の世をお仕組みになりました。

このため「水」（物質・細胞・ＤＮＡ・タンパク質・セントラルドグマ）が基本ですから、科学（神学）は化学の科《トガ》学となり、物質の「化学進化」で生命発生、細胞が衰えていくホドケの細胞分裂一辺倒と生命現象の基本となった物質化したＤＮＡの突然変異の蓄積で「生物進化」、〝血となる〟は〝肉が血となる〟（「右〝先〟・左〝後〟」）の真如逆法の骨髄造血（卍）だけとなっています。

千島理論の腸造血（「火」）が「主」で、骨髄造血（千島理論の逆分化を使っている形）は「従」になるべきです。天地一切、ミロクの大原理が貫いて産霊の力でつくられ、生かされているのですから、農薬や化学肥料使用の農業技術はじめ遺伝子組み換え作物やクローン動物作出などの生命操作は、すべて産霊の力を「負」の方向で反面教師的に利用しています。ＥＭ技術は、逆に産霊の力を「正」の方向で〝開花〟させようとする神のご経綸に沿った神・人、自然・人一体の新文明の創造を目指す技術といえます。

生命が土と一体でつくられていることをまとめてみました。

地球生成時、はじめに高温に強い嫌気性土壌微生物がいて、炭酸ガスなど現地球の汚染物質を食べてクリーンにして土壌微生物と一体の「土づくり」に励みました。次に、その土と一体の多細胞生物である植物がつくられ、土壌微生物が分泌した抗酸化物質やアミノ酸など有機物を根で吸収、清浄な〝血〟が「火・水・土」となって鉱物資源の基となった大森林が形成されていきました。

次に、土と一体の植物の生命力を体内に取り込んだ動物が出現しました。「土壌微生物と一体の土」、「土と一体の植物」とは、土の霊と植物の霊が〝先〟にあるということです。

ＥＭ効果・現象でもはっきり出ています。顕微鏡で一生懸命調べてもいないはずなのに、蘇生型土壌微生物のＥＭが「無」→「有」で出てくるのです。このため、土と一体の植物の生命力を動くための「動物器官」の体内に取り込んだ形の動物でも、生後間もなくして蘇生型土壌微生物と相似の腸内菌が「無」→「有」で出てきます。

人的技術の〝勝利〟ではない「ドリー」誕生

遺伝子DNA組み換えなどの植物の細胞培養で不定胚が生じ、体細胞一個にも個体に生長する全能性を秘めているのは、霊が〝先〟の土と一体の産霊の力が働いているからです。クローン羊「ドリー」も、霊体（〇体）の血肉化で生まれています。クローン動物づくりに、受精卵はダメで、未受精卵が使われるのも霊が〝先〟だからでしょう。

『生命科学最大の謎』の「左〝先〟・右〝後〟」も、霊（レイ・ヒ）が〝先〟の「火・水」・「陽・陰」の産霊の力が「火・水・土」の産土力となって「無」→「有」で生まれているからです。

物質も同様に霊が〝先〟でつくられました。

狂牛病の問題は、「陽・陰」の産霊による〝血となり肉となる〟がないため、細胞分裂一辺倒でDNAが〝先〟（赤血球が〝後〟）の〝肉が血となる〟の逆法になっているからです。草食動物であるホ乳類の牛は、雑草を満足そうに食べています。だからこそ、立派な美味の乳、肉、脂も出来てくるのです。

神のみ光（「陽」）と雑草などによる食べたもの（「陰」）が、十字にムスンで赤血球の中にＤＮＡが生じてきます。草食動物の〝きれいな血〟が根本です。牛、馬、兎などは草食性であり、動物の種類によってみな違った腸内菌叢のパターンがみられます。血と腸内菌（土《つち》）は一体です。狂牛病の発生は、〝牛が牛を食べる〟という神の掟（置き手、法則）にそむいているからです。

蚕を見て下さい。絹になろうとするならば、蚕の時から桑を食い、桑のみを与えられるようになっています。神の万象のお仕組みにス直そのままの姿です。

※「アイウエオ」などは言霊と一体で、神のみ意《こころ》が乗っています。「ス」は創造神（本文参照）ですから、ス直→素直となりましょう。

ホ乳類の〝体外器官〟として発生の要となる大自然を取り込んだ土《つち》である胎盤（ヘソ）造血を見て下さい（「へその緒を使う胎児の血液循環」の図参照）。

母胎の赤血球を栄養として吸収、神のみ光・陽の気によって即自己の赤血球をつくっていますから、酸素の多い新しい血液が胎盤を通って胎児の本体のほうへ、逆に二酸化炭素の多い血液が戻っています。「陽」（「ヒ」）ですから赤い血。

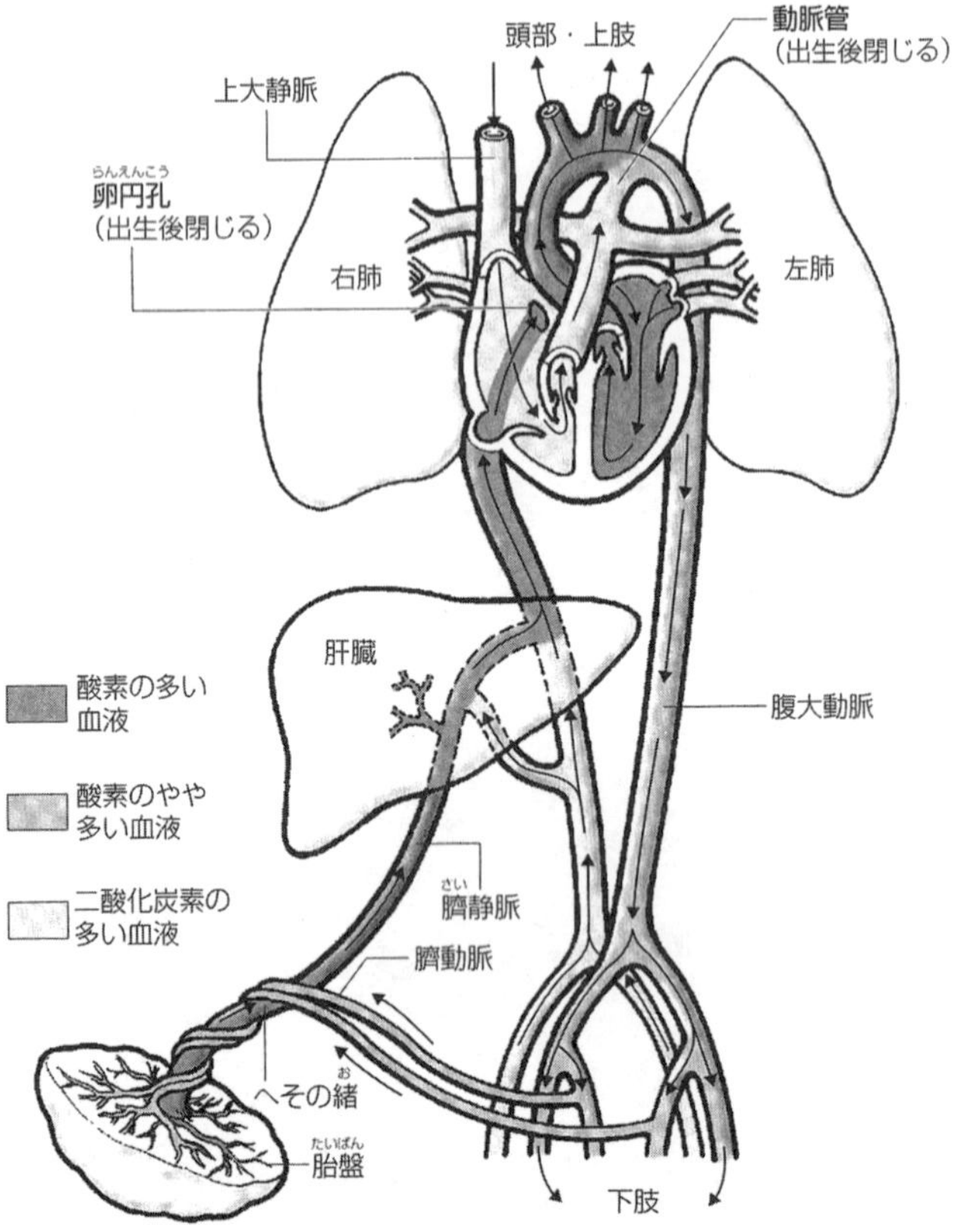

へその緒を使う胎児の血液循環

胎盤でガス交換を行う胎児では、成人とは血液循環の経路が異なっている。胎盤から臍静脈を通って戻ってきた酸素の多い血液は、下大静脈で全身から戻ってきた血液と合流し、右心房に戻る。そして、卵円孔と動脈管というバイパスを通って大動脈に送りだされる。出生後すぐに卵円孔と動脈管が閉じて、肺でガス交換を行う肺循環が働き始めるようになる。

（『人体は進化を語る』坂井建雄・著、ニュートンプレス）

神の産霊の力でつくられる「火」（赤血球）、「土」（生殖細胞系）、土（土壌微生物・植物と一体）がなく、本質的に「水」（DNA・細胞・物質）だけの既成理論の細胞分裂による骨髄造血の〝肉（細胞）が血となる〟では、どう説明するのでしょうか。

赤血球の主成分へモグロビンで酸素を運ぶのですから、造血と呼吸は密接で一体です。子宮エベレストといわれるほど子宮内は酸素の濃度が薄く、肺呼吸の約四分の一ですが、母胎の赤血球を吸収してつくられる胎児の赤血球のへモグロビンは、胎児性へモグロビンという、肺呼吸の赤血球と比べて特に酸素を捕捉しやすいものになっています。

胎盤は母胎の血の池に〝根〟（胎盤は腸で根）を下ろして子宮（「土」）と一体となって造血のほか、呼吸、排せつの多機能を持ち、肺臓、肝臓、ジン臓の〝体外器官〟の役目を果たします。新生児は産声とともに多機能の〝体外器官〟から離れ、胎盤造血から小腸造血へ、胎盤呼吸から肺呼吸へ――血液の循環はじめ生理的な大変動が起こります。

〝血が肉となる〟の逆、〝肉が血となる〟の骨髄造血では、次のような呼吸系と一体となった循環系の大変換が起こる理由を説明できないでしょう。

「血液循環も著しく変化する。胎児には成人にはない特有の血管や心臓の穴が存在し、動脈血と静脈血がまざりあって動脈内を流れている。しかし肺が空気で満たされ、肺の血管が拡大して血流量が飛躍的に増加することで、胎児の循環系は成人の完成された循環系へと急激に変化していく。不要となった血管や穴は閉鎖される」（Ｎｅｗｔｏｎ「生命誕生の神秘」一九九七年三月号、ＫＹＯＩＫＵＳＨＡ）。

「ドリー」は神の産霊の力の胎盤（ヘソ）造血で生まれてきた！——を徹底させましょう。移植用臓器生産を目指す、人の「万能細胞」研究容認の新聞見出しです（次ページ）。

胚性幹細胞（ＥＳ細胞）はどんな臓器や組織にも分化（成長）できる能力があり、「万能細胞」と呼ばれていますが、単独では個体に育ちません。万能細胞は、子宮に着床する胚盤胞まで育った胚細胞から個体となる部分の内部細胞塊を取り出していますから、万能性であっても全能性はありません。

なぜならば、母胎の赤血球をもらって胎児の血をつくる胎盤となる部分を人為的にはずして細胞培養でつくられているからです。細胞分裂一辺倒の「水」だけの既成理論ではその理由がわかっていません。

次に、「受精卵の分割による方法」の図を見て下さい。

人の「万能細胞」研究容認

科技会議報告書案

移植用臓器生産へ

国など2重の審査条件

首相の諮問機関である科学技術会議の「ヒト胚（はい）研究小委員会」（岡田善雄委員長）は二日、どんな臓器にも分化（成長）できる能力があるため「万能細胞」と呼ばれる、人の胚性幹細胞（ES細胞）の研究を、厳しい枠組みの下で容認するとの報告書案をまとめた。

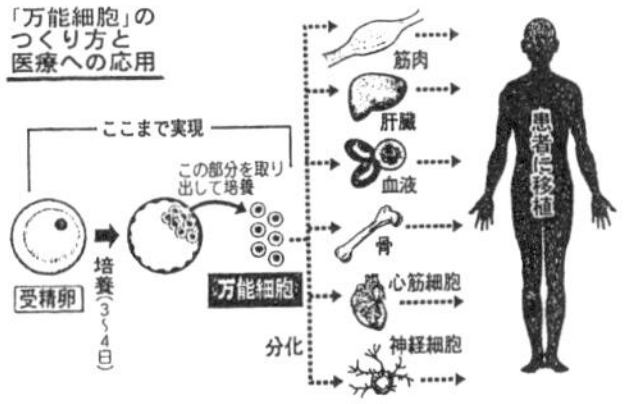

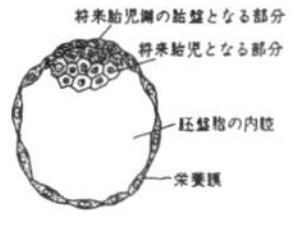

ヒトの栄養膜と胚盤胞の模式図
（『胎児の環境との母体』より）

胚（はい）性幹細胞　どんな臓器や組織にも分化（成長）できる能力を持ちながら、未分化の状態のまま培養で増やせる細胞。受精卵の「内部細胞塊」という、将来胎児になる部分からつくるが、単独では個体に育たない。英語名の「Embryonic Stem Cell」の頭文字から通常、ES細胞と呼ばれる。

マウスのES細胞は一九八〇年代初めにできたが、米ウィスコンシン大など二グループが九八年十一月、不妊治療で余った受精卵や中絶胎児の細胞から人のES細胞をつくったと米科学誌に発表した。

ヒトの栄養膜と胚盤胞の模式図（『胎児の環境との母体』より）

八細胞期の受精卵を半分に分割したものから発生したマウスも、桑実胚を分割したものから生まれたマウスも普通の発生のものと姿形は同じです。

牛の場合は、卵分割は二細胞期から胚盤胞期まで可能で、二つになったものをそれぞれ別の牛に移植すると、一卵性の双子が生まれてきます。

ここで、胎盤造血が秘められた卵子の神秘と全能性について、よりよく理解していただくために体細胞移植、卵割期の細胞、胚盤胞

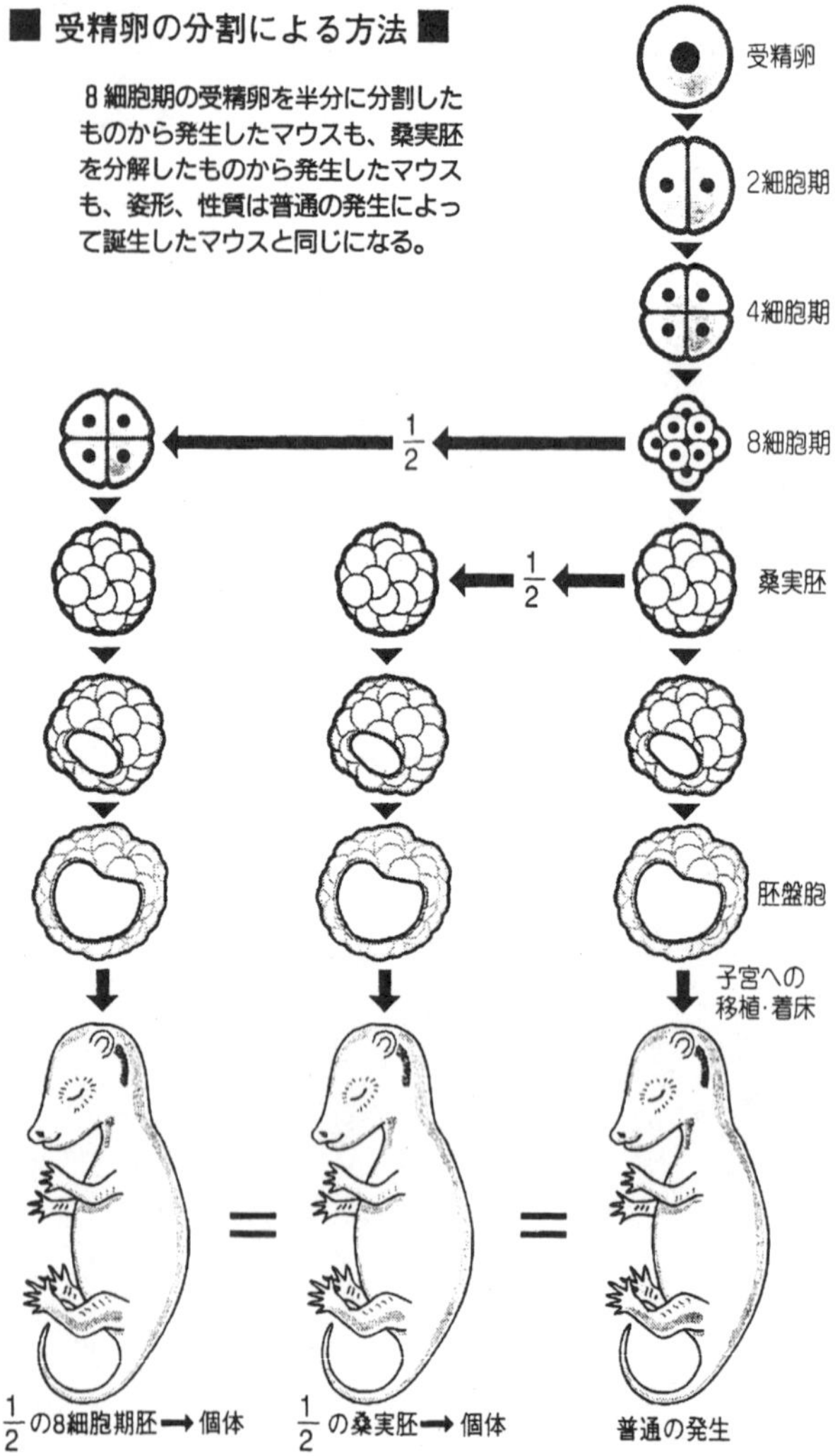
■受精卵の分割による方法■
8細胞期の受精卵を半分に分割したものから発生したマウスも、桑実胚を分解したものから発生したマウスも、姿形、性質は普通の発生によって誕生したマウスと同じになる。
受精卵
2細胞期
4細胞期
8細胞期
1/2
桑実胚
1/2
胚盤胞
子宮への
移植・着床
1/2の8細胞期胚→個体
1/2の桑実胚→個体
普通の発生

(『複製人間クローン』熊谷善博・著、飛鳥新社)

期に胎児になる本体の内部細胞塊を取り出してつくられる「万能細胞」をまとめて考えましょう。

体細胞移植の「ドリー」は、乳腺細胞まで分化した細胞であっても、卵黄嚢・胎盤造血が用意された核抜き未受精卵とのドッキングで全能性を発揮したような形で生まれました。

ところが、万能細胞のほうは乳腺細胞よりはるかに未分化で、すべての組織・器官になれる〝万能〟の能力をもちながら、「無」→「有」の発生に必要な〝体外器官〟の胎盤となる栄養外胚葉の部分をはずされましたので、単独では個体となる全能性がありません。

※「栄養外胚葉」の名称にも栄養の吸収だけで、栄養吸収＝《即》造血がわかっていません。

また、正常な受精によって卵黄嚢造血で発生を始めた卵割期の細胞は、生殖細胞質と一体で、全能性をもっていますから、胚盤胞期に子宮に着床、胎盤造血によって生命誕生となります。

卵割によって胎盤の基質となる生殖細胞質が均等に分配され、胚盤胞期まで卵分割によるクローンづくりは二分割が限度（小さく分割しては、胎盤として役に立たない）というのも、〝体外器官〟が用意された発生における卵子の生殖細胞質の重要性を示しています。

さらに付け加えますと、未分化な万能細胞一個を、分化した乳腺細胞同様に未受精卵に移植してもクローンが生まれてきますから、正常な生殖、クローンともホ乳類では胎盤造血の産霊の力にあずかっていることをわかっていただけたと思います。

既成理論は「陽・陰」の産霊で〝血となる〟の「火」の卵黄嚢・胎盤造血がありませんから、「どんな器官・組織にもなれる万能な細胞でありながら、なぜ単独で個体に育つ全能性がないのか」を説明できません。

万能細胞であるES細胞（胚性幹細胞）の解説に、「残念ながら」の言葉が見られるのもそのためでしょう。「当然」と言うべきところだからです。真《マコト》の全能性とは、有性生殖による「火・水」・「陽・陰」の産霊の力で、〝血となり肉となる、生殖細胞にもなる〟（「火・水・土」）――といえます。

「火・水・土」のミロクの大原理はコトバ（言霊）と一体です。神がつくられましたから神のみ意《こころ》が乗っています。万生・万象弥栄えの法《ノリ》（法則・法律）ですから、神のみ力、み働きを利用させていただきながら、「ドリー」誕生を人的技術の〝勝利〟とみて神を否定する逆法は許されません。

第二章
「タテ・ヨコ」の大三界をタテに貫く大元の法(王型)

宇宙創成も個体発生も「火・水・土」

私たちは「火・水」・「陽・陰」の産霊のみ力の「無」→「有」の無限力でこの世に生をうけ、生かされています。

「火・水」(「精子・卵子」)の産霊で「無」の構造の受精卵(「土」)が出来、霊成型は土の気(霊)で醸されています。

このことは、受精卵が「タテ・ヨコ」の宇宙創成の原点に還って、過去・現在・未来の三次元的時空を超えてつくられたあと、「陽・陰」の産霊で〝生命発生〟の原点に還って同様に赤血球がつくられ、「火・水・土」で血(土)肉化することになります。

このため個体発生(形づくり)は、はじめに霊成型があって、系統発生を相似的に繰り返します。何万年、何億年経ってもこのパターンは変わりません。

産霊の力の無限力! です。

神・幽・現のタテの三界と前世《まえよ》・現世《うつしよ》・未来世《あとよ》のヨコの三世《さんぜ》に亘《わた》るタテ・ヨコの三千界《みちかい》を貫い

て定め置きたる手、，《チョン》（創造主）の定められた王型《おおかた》です（千《せん》はチにして霊＝血のこと）。

タテの—《神》—《幽》—《現》とヨコの—《前界》—《現世》—《未来世》の大三界《だいさんがい》をタテに貫く大元の法《ノリ》です。

〝古くて新しい〟若々しい「前細胞」の赤血球による霊成型の血（土）肉化ですから、受精卵の個体発生は〝生命発生〟の原点、古代海水（土）と相似の羊水につかりながら進化の系統（宗族）発生——魚類——両生類——ハ虫類——鳥類——ホ乳類——ヒトを常に相似的に繰り返します。

「宗族発生と個体発生」図の左下隅の〇点は、原始の生命の誕生した四十億年前の地層を表し、そのまま受精卵の出来た個体発生の原点でもあります。

ヒトの場合、胎児の顔が受精三十日後わずか一週間で、一億年を費やした脊椎動物の上陸のドラマ、フカ↓両生類↓ハ虫類↓ホ乳類と激変しています。

「個体発生の比較」では、はじめは一様に魚の形をしています。また、新生児の奇形といわれているものにも、心臓や血管の還流異常などの奥に、必ず「古代魚のそれ」といった系統発生の古い形象が隠されています。化学的にみても、鶏胚の発生をグラフにとると、四日目をピークに急降下するアンモニアと反対に五日目から急上昇する尿素の二本の曲線の交差があり、四〜五日を境に鶏胚は魚であることをやめ、両生類になり始めています（ジョセフ・ニーダム、一九三一年）。

宇宙創成は「火・水・土」で土の地球に生命誕生、個体発生（形づくり）も「火・水・土」です

「宗族発生と個体発生」

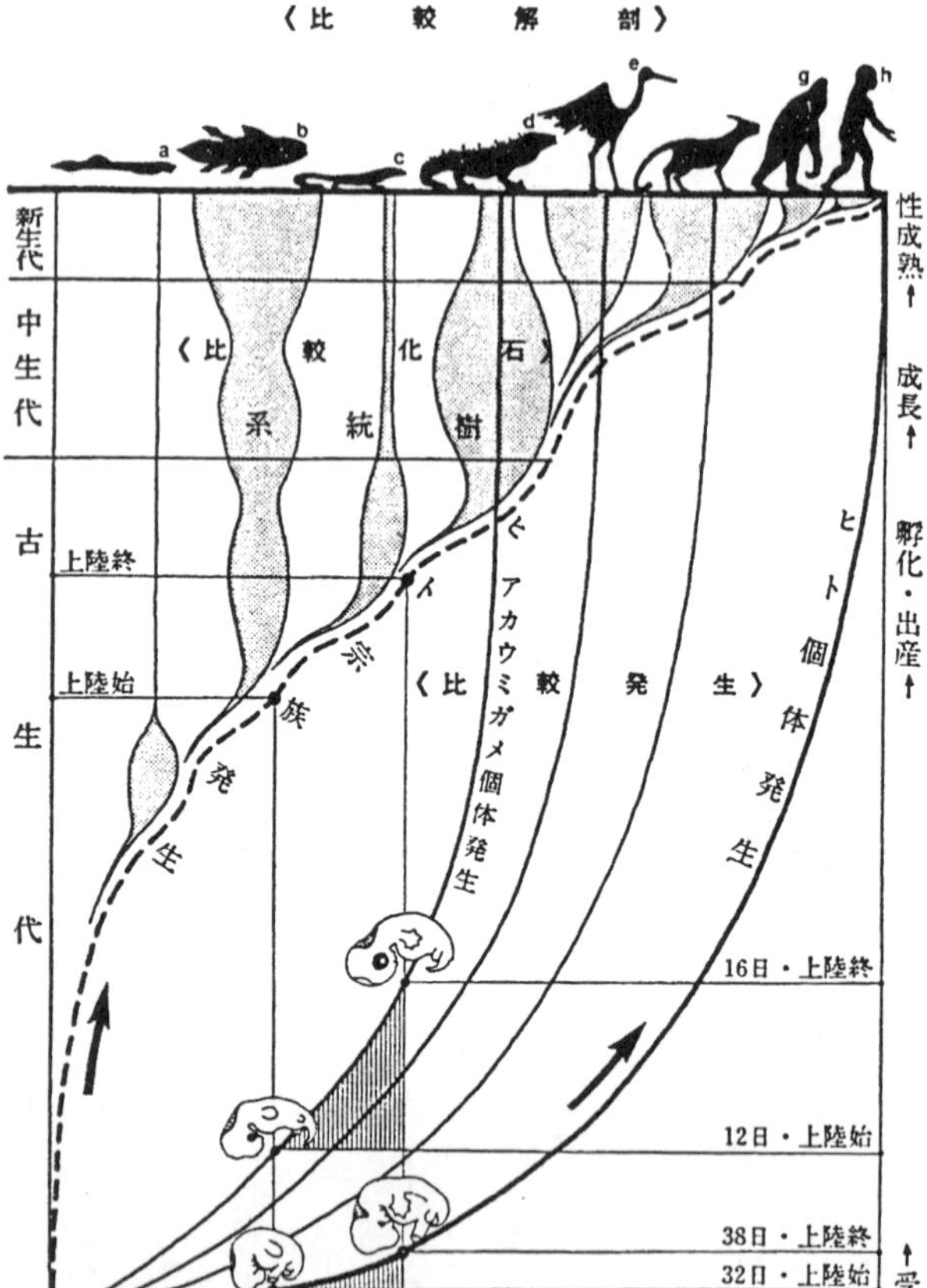

（『胎児の世界』三木成夫・著、中公新書）

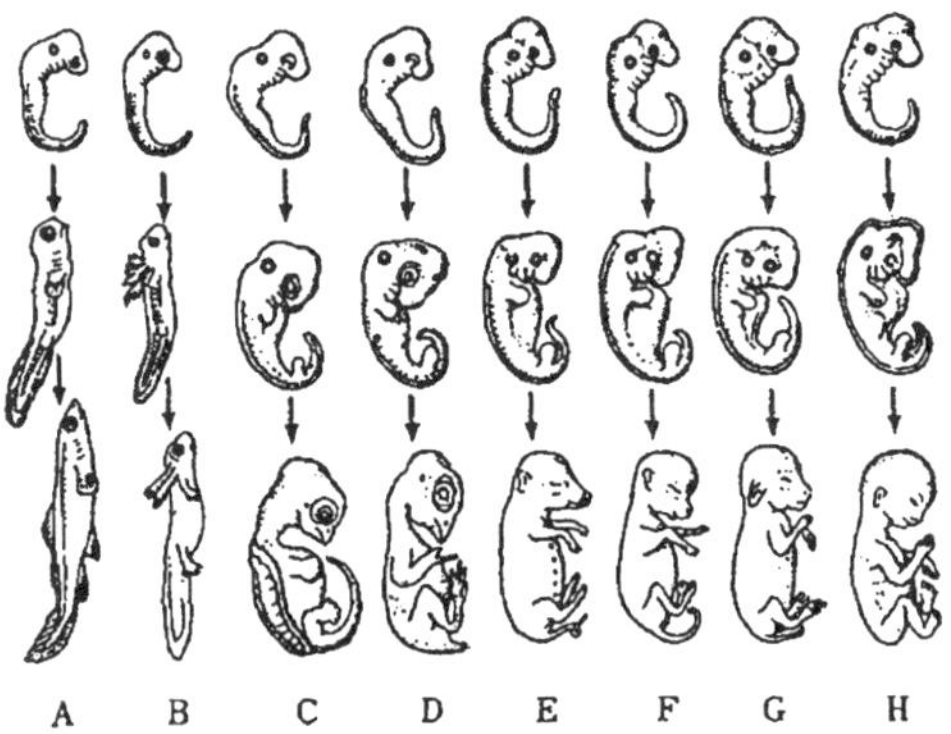

A:魚、B:イモリ、C:カメ、D:ニワトリ、E:ブタ、F:ウシ、G:ウサギ、H:人間

個体発生の比較（『進化をどう理解するか』より）

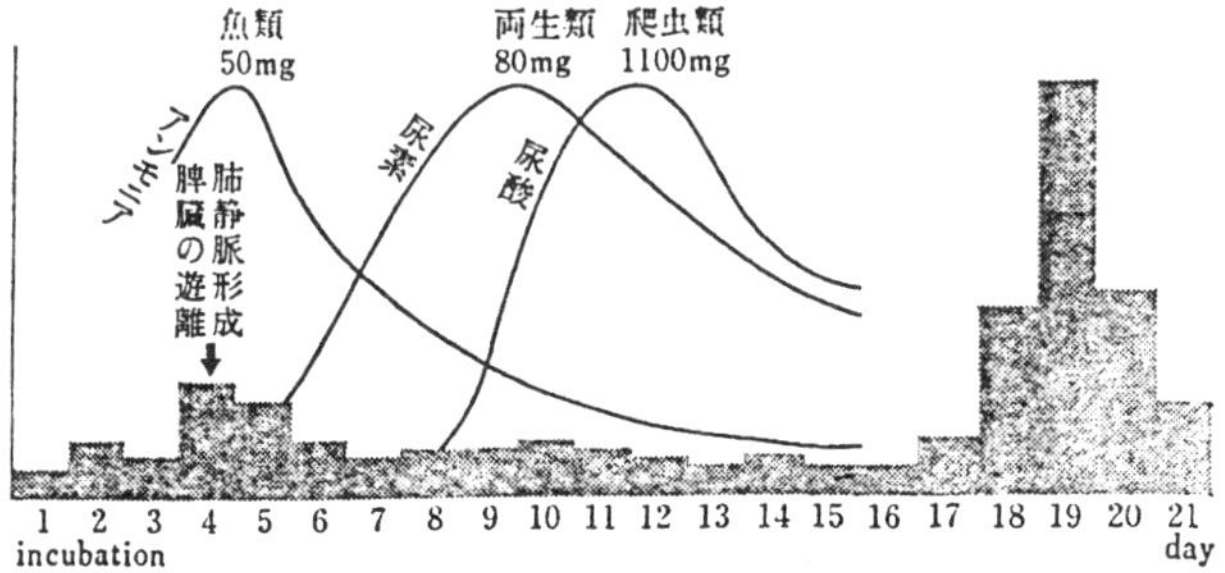

ジョセフ・ニーダムの研究 Chemical embryology, 1931の研究を通して、1866年にヘッケルの提唱した Recapitulation——個体発生は系統発生の短い反復——を化学的に証明する。第二次大戦後は、東洋の風土における科学の意味について関心を示し、最近は中国の老荘の思想と日本の神道との関係について考察中と聞く。過去に向かう性情のたどる宿命的な道程であろうか。

（『胎児の世界』三木成夫・著、中公新書）

から、「火・水」の〝血となり肉となる〟のあとは「土」の生殖細胞が出来てきます。三位一体だからです。

生殖細胞系の「無」の構造は産霊の力

ヒトの場合、受精後三〜四週で生じる始原生殖細胞（初めての「土」）は、三層の胚葉（内・外・中胚葉）が完成する「初期分化」終了後、卵黄嚢造血で卵黄嚢の壁の中に「無」→「有」で出現します。「土」の始原生殖細胞が出来上がるとともに卵黄嚢造血は役目を終わります。

既成理論の多細胞生物の生殖細胞系の分化（受精卵から始原生殖細胞が出来、生殖巣に定着まで）の過程をみてみましょう（『生殖生物学入門』舘鄰著）。

①未分化期＝全く未分化な細胞（割球）の時期
②予定期＝分化した胚葉細胞または体細胞の一部として機能し体細胞との区別がはっきりしない時期
③始原期＝体細胞との区別が明確になった時期
④形成期＝生殖に必要な特徴的な形態や分化を遂げる時期

⑤完成期＝最終的に分化を完成した時期。

三杯葉の完成は②で、始原生殖細胞の出現は③。生殖細胞と体細胞を分離しています。「火・水」でひと仕事（初期分化）を終えたあと③の始原期に「土」が「無」→「有」で生じています。生殖細胞系の受精卵が「無」の構造をしているのですから当然でしょう。

造血の場である〃体外器官〃の卵黄嚢の壁の中に出現、やがて大旅行して、生殖巣に入ります。

鶏では原条期（孵卵約十八時間）に、胚盤の頭端部に多数の始原生殖細胞が新月状に分布して認められます（図A）。血管系が発達すると、同細胞は血流に乗って循環（同四十八時間、図B）したあと、さらに移動、最後には生殖巣（「土」）に定着。

鶏では多数の始原生殖細胞が分布して認められますが、これも細胞分裂でなく「火・水・土」で出現したとしか言えないでしょう。だからこそ、多くの動物で始原生殖細胞はまず生殖巣の予定域から離れた場所で体細胞（生殖細胞以外の細胞）

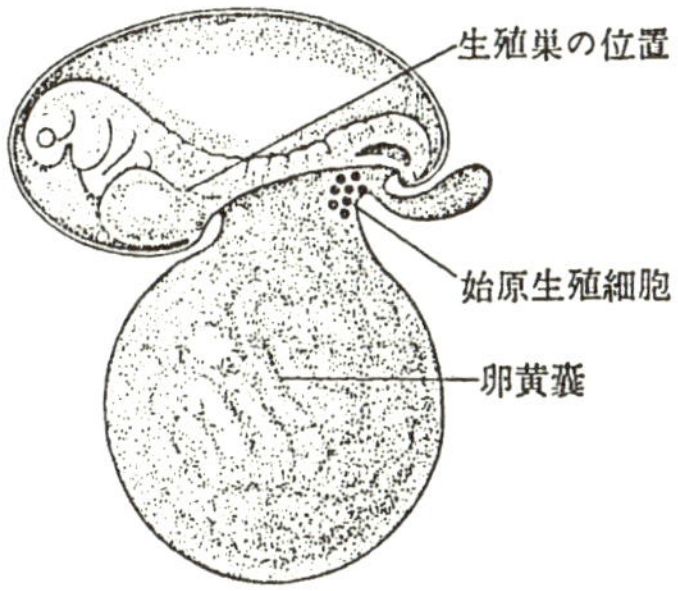

生殖細胞の分化

ヒトの胚では、始原生殖細胞は卵黄嚢の壁の中に出現し、やがて大旅行して生殖巣に入る（Böving 原図。Ebert & Sussex, 1965より）

（『生命』丸山圭蔵・著、共立出版）

と区別して認められる（分離期）ようになったあと、移動して（移動期）、生殖巣（「土」）に定着する——といえます。

既成理論では、細胞分裂と生殖細胞の遺伝子DNAの突然変異の積み重ねで単細胞生物（原核細胞）から多細胞生物（真核細胞）へ、最後は猿から人間になった（生命の連続性）ですから、「生命の連続性は生殖細胞の連続性にほかならず、原理的には生命の起源にまでさかのぼる」となっています。

ミロク「火・水・土」の「無」→「有」がありませんから、生殖細胞と体細胞に分け、生殖細胞は細胞分裂しても衰えない細胞としています。核のない赤血球は体細胞で、細胞分裂して衰えた老化細胞となってしまいます。

生殖細胞系が「無」の構造をしているのは、産霊の力でつくられているからです。受精卵は精子（男・「火」）と卵子（女・「水」）の産霊の「霊体」

始原生殖細胞

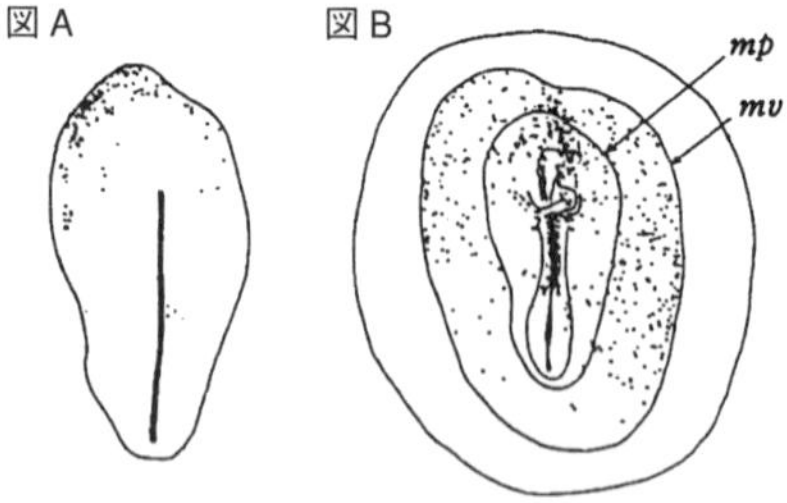

ニワトリ胚におけるPGCの分布。A：孵卵18時間、B：孵卵48時間、黒点はPGC。*mp.* 明域の外縁、*mv.* 血管野の外縁（受島と藤本、1975）。

（『生殖生物学入門』舘鄰・著、東京大学出版会）

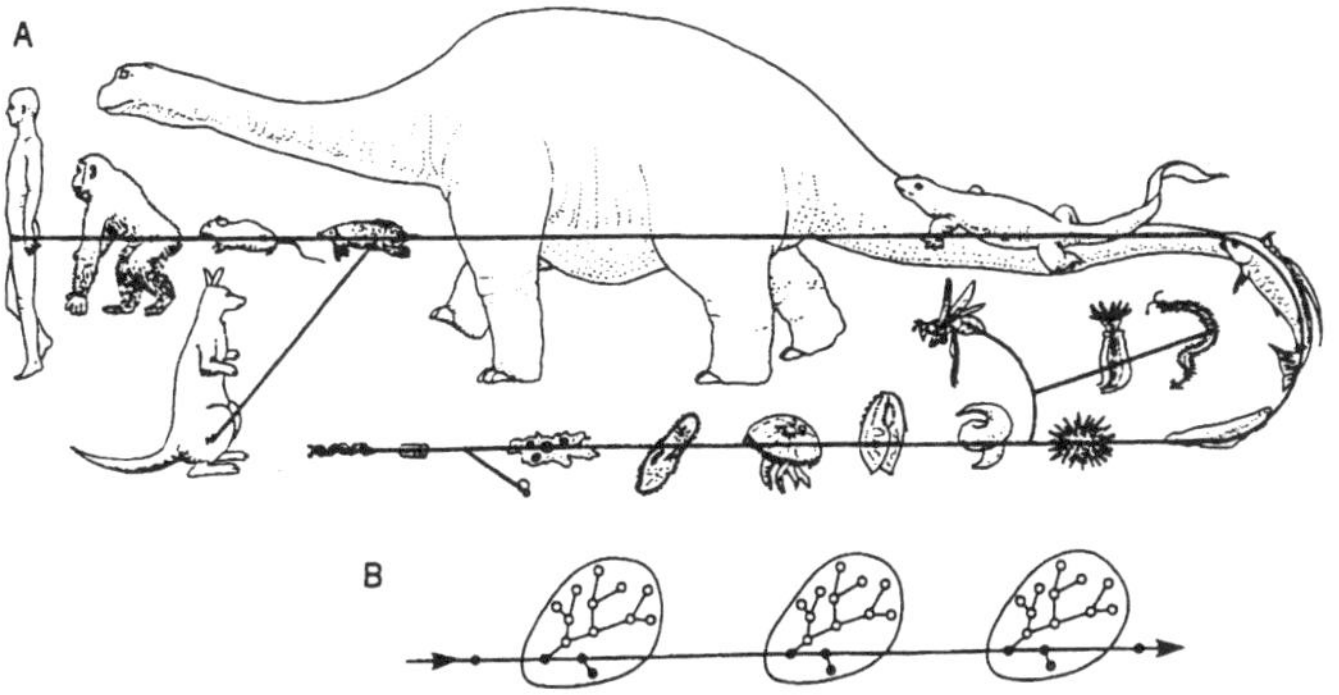

A：生命の連続性は生殖細胞の連続性にほかならない。B：生殖系列の世代間の連続性を示す模式図。黒丸は生殖細胞を白丸は体細胞を示す（Singer, 1931）。

（『生殖生物学入門』舘鄰・著、東京大学出版会）

の融合ですが、精子と卵子は生殖巣（「土」）で赤血球（「火」）と白血球（「水」）の同じ融合でつくられる――と拝察致します。

千島理論は「鶏の胚子の生殖腺の組織発生」の研究で、赤血球から始原生殖細胞（初めての「土」）や生殖腺「土」のすべての細胞への移行像を発見したことから生まれました。

「赤血球から原始生殖細胞へ分化（カエル幼生）」の写真説明では、

「左方は中腎で、その中の濃染する細胞核は赤血球およびそれが少し変化して生じたリンパ球様細胞。図の中央から右方にかけて、これらリンパ球様細胞のＡＦＤ過程（集まり、溶け合い、分化発展）によって右方の明るい細胞核をもつ原始生殖細胞へ変わりつつある様子がよく現れている。

この原始生殖細胞の周囲にも濃染する細長い細胞核をもつ赤血球、または赤血球の分化途中のものが諸所に見られる（ホ乳類でないので赤血球に核がある）。

細胞分裂像に似た像が諸所に見られるが、これは分裂像でなく融合像である」――と。


また、「授精能力のある真の精子は副睾丸でつくられる（マウス副睾丸の一部）」の写真説明では、「図の大部分を占めている一個の副睾丸の腺管とそれを取り囲む赤血球と赤血球の分化して生じた管壁の細胞（濃染した丸い核）、それが次第に細胞核が淡色となり、核が退行して管の中心に向かって明るいモネラ状の層に変わり、管の中心部に至って、このモネラ中に自然発生した精子、尖った細長い核と尾をもつ典型的で授精能力のある精子が、ここではじめて新生する。睾丸で出来た精子がここまで来て成熟したのだという従来の説は実証的ではない」――と記されています。

――「核が退行して……明るいモネラ状の層に変わり」とやはり集まり、溶け合いの形(象)です。

「初期分化」に失敗する受精卵も多く、大体流産の形をとりますが、第四週から第十週までの「器官分化」も「無」→「有」の血肉化で、〝個体発生は相似的な系統発生〟ですから、異常を起こしやすい期間といえます。

この時期に障害を与える因子が作用すると、重い奇形が生じやすく、臨界期（感受期）と呼ばれています。新生児の奇形といわれているものの奥に、系統発生の古い形象が隠されています。

食から性への位相転換は宇宙的リズム

第十週までの系統発生を兼ねた「器官分化」では脳、目、心臓、耳など主な器官の基本が形成され、ヒトらしい胎児の姿形が整ってきます。胎児の顔もフカ↓両生類↓ハ虫類↓ホ乳類と進んで七十日をピークにやっとヒトの赤ん坊の面影が見られます。系統発生が終了したのでしょう。この「器官分化」――主な器官の基本形成を待っていたかのように、そのころから生殖系「土」の精子がつくられる精巣の下降が開始されます。

ヒトの生殖器系の分化は、精巣下降の前の、ヒトと呼んで差し支えないひとつの顔が見られるようになった受精後六週から八週末ごろまで。男女の性を決定づける性分化の過程で性ホルモンが重要な役割を果たします。

特にホルモン様化学物質として働き、ヒトの生殖能力と正常な発生をソグ環境ホルモンの恐ろしさがここにあります。

精巣は腎臓付近から下降しはじめ、出生直前には陰嚢に到達します。片方あるいは両方の精巣が下降しないままの場合、「停留精巣」とよばれます。「停留精巣」の男性は精巣ガンになる確率が高く、精子数も少なければ、精子の奇形も多いのが普通です。「停留精巣」は次第に増加しており、現在では男の新生児全体の二〜三％にもなるといいます。生殖障害の原因ともなるため普通生後二年くらいで手術して治します。成人後に発見されると、生殖能力の回復はほとんど期待できません。

受精後の「火・水・土」（男子の場合）は次の四期に分けられるでしょう。

一、「初期分化」・始原生殖細胞出現
一、「器官分化」（系統発生を兼ね、ヒトらしい姿形整う）・精巣下降開始
一、精巣の陰嚢到達（出生直前）
一、出生→性の目覚め（精子をつくれるようになって肉体的に大人になる）

サケの回游や渡り鳥に見られるように、動物の世界では普通、餌場と産卵場は離れていて、時には食の場と性の場の往来が地球的規模で東西・南北をひとまたぎする距離がみられます。

生物のリズムを代表する食と性の波——生物はどうしてこのリズムを知るのでしょうか。魚鳥が移動するとき、その時刻と方角をいかにしてキャッチするのでしょうか。羅針盤も天体儀ももたない彼らは、時節到来とともに生まれ故郷と餌場の方向に正確に頭を向けて出発します。また女性の排卵は月の公転と一致して、左右の卵巣から交互に一個ずつ体腔内に排卵されますが、いかにして月齢を知るのでしょうか。

戦後の生物学はこの問題に真剣に取り組み、数多くのメカニズムを神経生理学的に解明してきましたが、その絶妙なメカニズムがわかればわかるほど、ますます謎が深まっていくといいます。

この食から性への位相転換は、「火・水・土」の吸収された（食べた）ものが〝血となり肉となる、生殖細胞にもなる〟の生命《イノチ》の波であり、宇宙的リズムの一つというべきでしょう。宇宙一切、「火・水」・「陽・陰」の産霊の力で創られ、『火・水・土』のミロクの大原理（三位一体）が貫きあやなしているからです。『火・水・土』＝「火・水・土」「神界・幽界・現界」「霊（魂）・心・体」「霊体・幽体・肉体」「天・空・地」「太陽・月・地球」……。

第三章

経綸と言霊は一体

大元の法・「赤血球先天八卦図」・「アイウエオ」・「ヒフミ」・九気暦がドッキング
平成四年はミロク文明への転換年

産霊のみ力・み働きによる遺伝情報

世界のコトバや文字は「アイウエオ」・「ヒフミ」を根源語として統一してつくっておられますから、神の創造とご経綸は神のみ意が乗っている言霊と一体です。〝神は光（「ラ」）なり、コトバなり〟をサトリ、神界写し絵地上天国（「ヱ」）のご経綸に一体化すべき本番を迎えました。

「火・水」・「陽・陰」の産霊の力により宇宙の創成と生命発生の原点に還ってつくられる受精卵とその発生（形づくり）は、「アイウエオ」だけでなく、「ヒフミ」や易ともしっかりムスバれています。

千島理論の〝吸収された（食べた）ものが血となり肉となる、生殖細胞にもなる〟（「火・水・土」）を、易の基本型で宇宙をシンボライズしたといわれる「先天八卦図」にあてはめたところ、ピッタリ符合したのです。

さらに、セントラルドグマでタンパク質がつくられるDNAの遺伝情報（暗号）も、易の「陰・陽」の基本構造に同様、あてはまっています。基本数一致の例を挙げると、易は六十四卦、DNAの遺伝暗号は六十四、八卦は三本の爻からなり、遺伝暗号は三つの塩基の組み合わせ、またDNA

テープの開始、停止を意味する暗号も共通のコトバです。

千島理論と易の基本型・先天八卦図がドッキング、『赤血球先天八卦図』が誕生しました。中国の太極図と相似です。『赤血球先天八卦図』の〝先〟（奥）に、「火・水」・「陽・陰」の産霊による宇宙創成の「火・水・土」があり、受精卵（「土」）と「火・水・土」の土が重なります。産霊の力

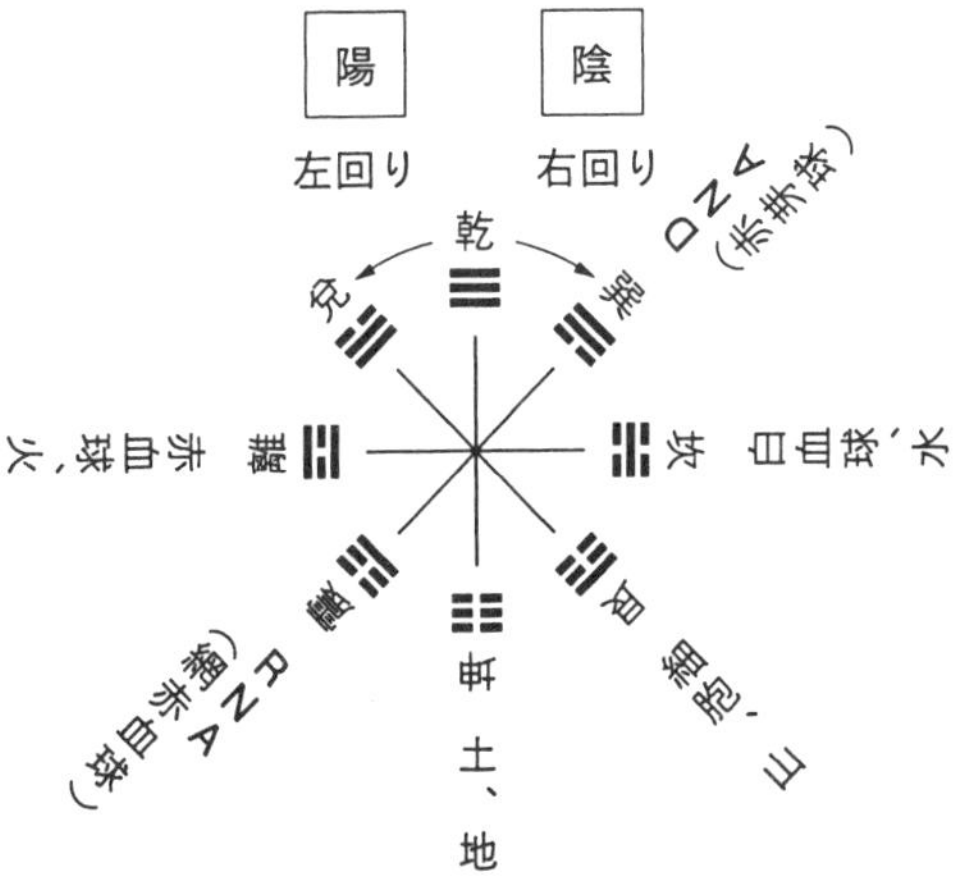

赤血球先天八卦図

中国の太極図

は無限力で、宇宙創成と受精卵の発生は相似だからです。

また、「アイウエオ」とも結びついて、赤血球産生、形態形成（発生）はカ行とタ行の「カタ――コト――モノ」（神のみ力、み働きによって「無」→「有」の物質化）。「タテ・ヨコ」の十字の産霊もあります。

※太極は、天地がまだ分かれない以前の宇宙万物の元始。万物生成の根元ですから創造神。「アイウエオ」はじめ言霊と結ばれた『赤血球先天八卦図』は、大元の法《ノリ》と拝察されます。

「陽・陰」（「◎・◎」）による赤血球産生と血肉化の「無」→「有」は、「陽」を主軸に左回転（「陰」は右回転を続ける）しながら物質化（↓《タテ》）が進みますが、赤血球の中にＤＮＡが生じた（物質化）あと、セントラルドグマでの遺伝子ＤＮＡ発現で「陰」の力が強くなって高タンパク化、器官・組織特有のタンパク質群がつくられます。

この過程が、『赤血球先天八卦図』と太極図を重ねてみるとよく理解できます。

『赤血球先天八卦図』を見て下さい。

「陽」（◎）を主軸に左回転して赤血球が出来たあとＲＮＡ（網赤血球）が生じています。今度は「陰」（◎）に移って右回転となり、ＤＮＡ（赤芽球）――白血球――細胞となっています。太極図と相似で重なります。

「火・水・土」の「土」・生殖細胞は「火・水」の産霊ですから別格です。

千島理論が「陽・陰」で、遺伝情報発現が「陰・陽」なのは、後者はＤＮＡが物質化した「水」（細胞・ＤＮＡ・セントラルドグマ）の段階で行われるからです。このため開始を意味する八卦は坎（水）です。

先天八卦図（『易経の謎』今泉久雄・著、光文社カッパブックス）

遺伝情報は「火・水」・「陽・陰」の産霊のみ力・み働きによる「無」→「有」の「コト・モノ」のコトバ（暗号）です。渡辺慧先生は「分子遺伝学は概念的にも法則的にも還元論の不可能を教えてくれるものと評価すべき」、また「生命はコト。大切なのはモノの裏にもっと大切なコトがあるということをいつ

TTT	フェニルアラニン	TCT	セリン	TAT	チロシン	TGT	システイン
TTC		TCC		TAC		TGC	
TTA	ロイシン	TCA		TAA	(停止信号)	TGA	(停止)
TTG		TCG		TAG	(停止)	TGG	トリプトファン
CTT	ロイシン	CCT	プロリン	CAT	ヒスチジン	CGT	アルギニン
CTC		CCC		CAC		CGC	
CTA		CCA		CAA	グルタミン	CGA	
CTG		CCG		CAG		CGG	
ATT	イソロイシン	ACT	トレオニン	AAT	アスパラギン	AGT	セリン
ATC		ACC		AAC		AGC	
ATA		ACA		AAA	リジン	AGA	アルギニン
ATG	メチオニン	ACG		AAG		AGG	
GTT	バリン	GCT	アラニン	GAT	アスパラギン酸	GGT	グリシン
GTC		GCC		GAC		GGC	
GTA		GCA		GAA	グルタミン酸	GGA	
GTG		GCG		GAG		GGG	

ＤＮＡの遺伝暗号表（『易経の謎』今泉久雄・著、光文社カッパブックス）

も心に入れておくこと」と述べておられます（『生命と自由』岩波新書）。

人間最高の知恵の結晶ともいわれる易経は、生命科学の先端、遺伝情報ＤＮＡを予知していた!?　です。

『易経の謎』（光文社カッパブックス）の著者、今泉久雄さん（故人）は易と遺伝情報の基本数（二、三、四、六十四など）が奇妙に同じであることから、遺伝情報に陰陽をあてはめていったところ、遺伝情報と易の基本構造がぴったり符合、易の基本型で宇宙をシンボライズしたといわれる先天八卦図があぶり出しのように浮きあがってきたそうです。

「遺伝暗号表」を易学的に解釈したのが「易学的解説表」で、四つのグループにきれ

乾・巽グループ	TTT (乾)	TCT (乾)	TAT (離)	TGT (離)	離・艮グループ
	TTC (乾)	TCC (乾)	TAC (離)	TGC (離)	
	TTA (巽)	TCA (巽)	TAA (艮)	TGA (艮)	
	TTG (巽)	TCG (巽)	TAG (艮)	TGG (艮)	
	CTT (乾)	CCT (乾)	CAT (離)	CGT (離)	
	CTC (乾)	CCC (乾)	CAC (離)	CGC (離)	
	CTA (巽)	CCA (巽)	CAA (艮)	CGA (艮)	
	CTG (巽)	CCG (巽)	CAG (艮)	CGG (艮)	
兌・坎グループ	ATT (兌)	ACT (兌)	AAT (震)	AGT (震)	震・坤グループ
	ATC (兌)	ACC (兌)	AAC (震)	AGC (震)	
	ATA (坎)	ACA (坎)	AAA (坤)	AGA (坤)	
	ATG (坎)	ACG (坎)	AAG (坤)	AGG (坤)	
	GTT (兌)	GCT (兌)	GAT (震)	GGT (震)	
	GTC (兌)	GCC (兌)	GAC (震)	GGC (震)	
	GTA (坎)	GCA (坎)	GAA (坤)	GGA (坤)	
	GTG (坎)	GCG (坎)	GAG (坤)	GGG (坤)	

遺伝暗号の易学的解説（『易経の謎』今泉久雄・著、光文社カッパブックス）

いに分かれています。

　これを「先天八卦図」と「太極から八卦へ」に移すと、陽陰の調和がとれていることが分かります（「先天八卦図の斜線で結ばれた四グループは、「太極から八卦へ」では、陽陰に分かれて右から順番に並んでいます）。

　ＤＮＡテープの暗号文字は、四種類の塩基、Ａ（アデニン）、Ｔ（チミン）、Ｇ（グアニン）、Ｃ（シトシン）が使われ、うち三つの組み合わせで一つのアミノ酸を指定しています。

　開始・停止を意味する暗号を遺伝暗号表から探してみましょう。

「開始」は左下部分にあるＡＴＧ（ア

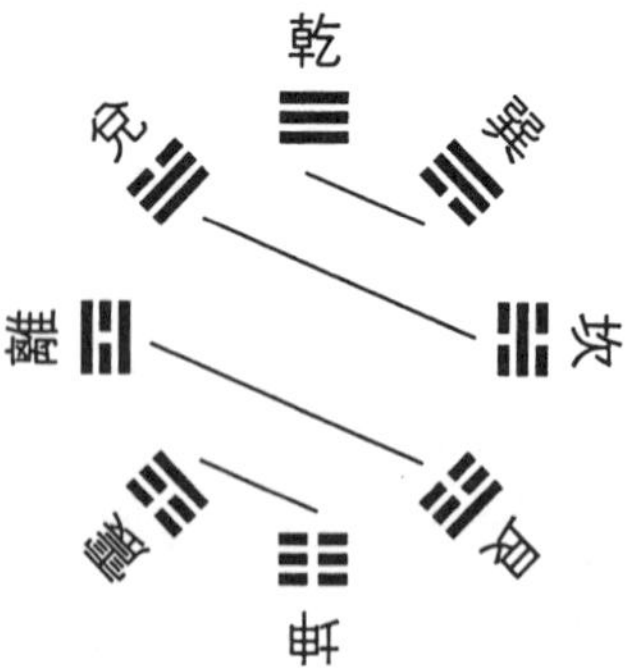

先天八卦図（『易経の謎』今泉久雄・著、光文社カッパブックス）

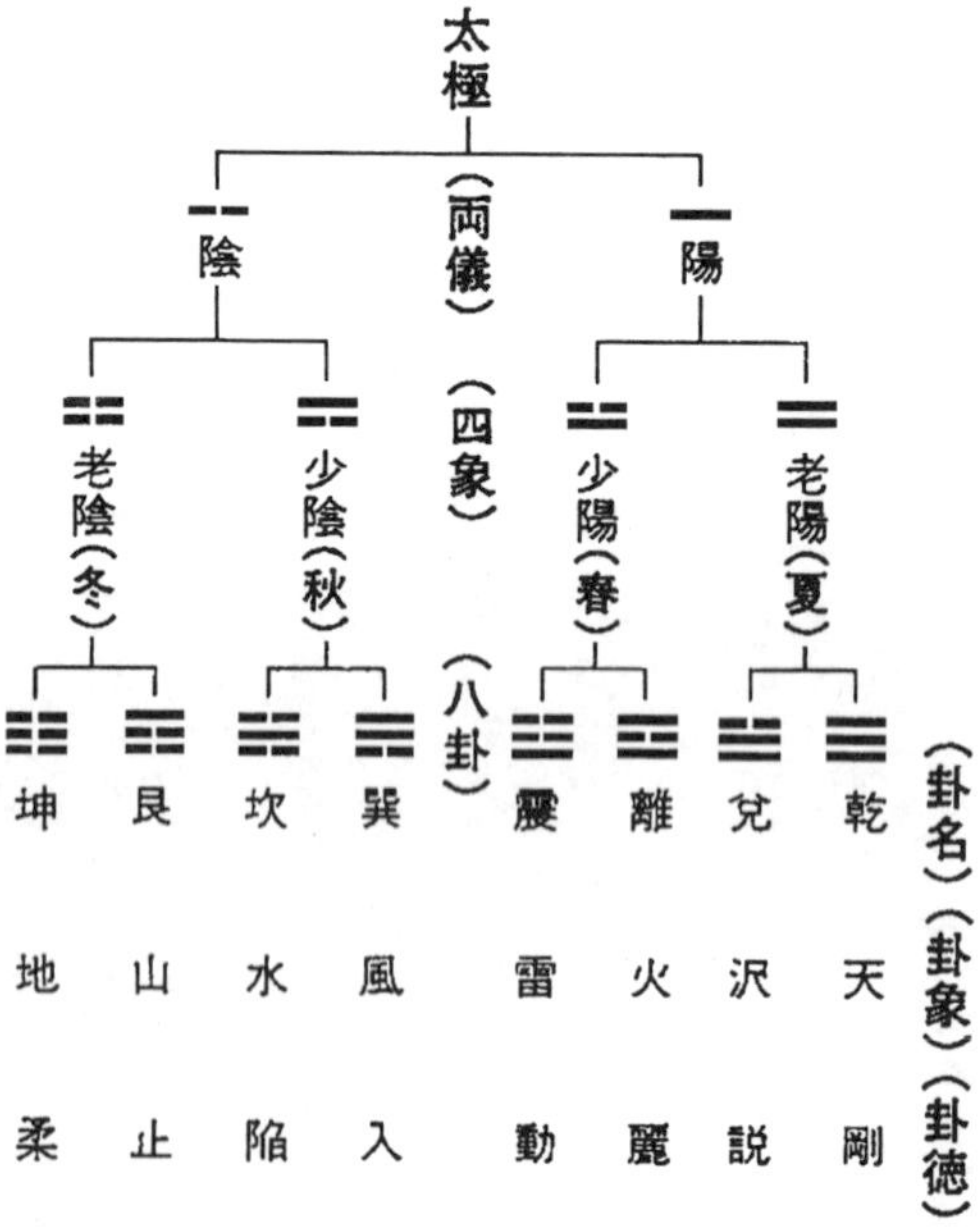

太極から八卦へ（『易経の謎』今泉久雄・著、光文社カッパブックス）

ミノ酸メチオニンに対応しているが、タンパク質が出来上がったあと、切断されてしまう）、「停止」は、右上部分にあるTAA、TAG、TGAの三つ。

「開始」と「停止」を意味する八卦は「坎」と「艮」。

先天八卦図を見て下さい。易は「乾」から始まり、左回りします。「兌」「離」「震」、戻って右回りに「巽」「坎」「艮」「坤」。

今泉さんはこの左回り、右回りから次のことを連想したのでした。

地球上の生物はみなDNAの遺伝テープは右巻き、タンパク質は左型（L型）アミノ酸で出来ていることです（『生命科学最大の謎』）。私は千島理論が先天八卦図にあてはまると直観しましたが、やはりこれまたピッタリでした。先天八卦図から千島理論が浮かび上がってきました。腸造血（左型アミノ酸・タンパク質赤血球）――赤血球分化（逆分化を含む）――生殖細胞（「火・水・土」）と続いているのです。

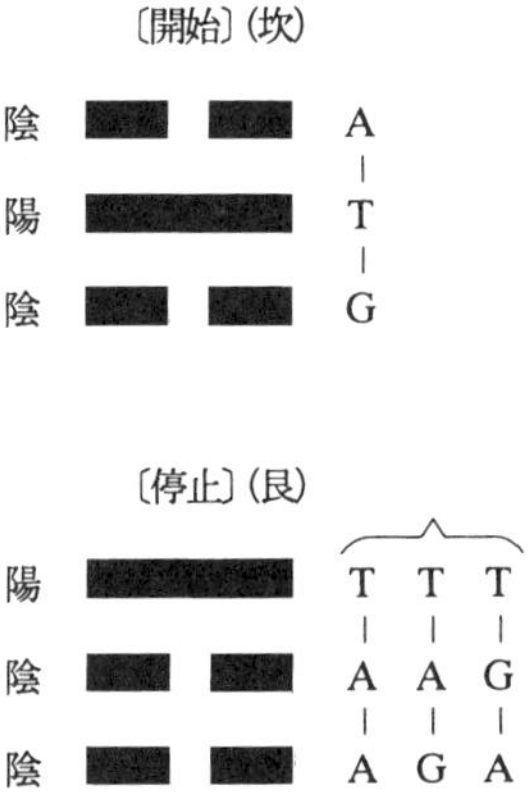

八卦と遺伝暗号の対応

千島理論の易学的解釈

千島理論を易学的に解読すると、「乾」――陽の気が発動（左ラセン回転）し、「口」（「兌」）から悦んで食べたものが赤血球（「離」、火、赤）となり、ついで核酸RNA（「震」、酸い、現れる、芽生え、網赤血球）が生じます。

戻って、右ラセン回転し、DNA核酸が形成され（「巽」、斉［ととの］う。RNA・DNAがそろう。赤芽球）て、白血球（「坎」、水、白、交わる）となり、細胞環境にしたがって肝臓なら肝臓の組織・細胞と交わって、それぞれの細胞（「艮」、止、終、山、節のあるもの、継ぎ目だから細胞膜、また始め、復活、よみがえるの意味から赤血球へ逆分化）になります。最後に生殖細胞（「坤」、土）へといたります。

「火」（赤血球）――「水」（白血球）――「土」（生殖細胞）がきれいに並んでいます。

千島理論と易の先天八卦図が重なり一つになって、『赤血球先天八卦図』が誕生しました。

重要なことは、太極図でも見られるように「陽」の中に「陰」、「陰」の中に「陽」を含んでいる

――「陽」を主軸に十字にムスバれ、「左〝先〟・右〝後〟」で物質化が進んでいることです（P119の図参照）。

平成四年、『赤血球先天八卦図』と「アイウエオ」がドッキング、『生命科学最大の謎』（「左〝先〟・右〝後〟」の生体分子の左右非対称性）が解けて、神のみ光（「ラ」・◎）による「無」↓「有」の神の創造が明らかになり、ミロク（「火・水・土」・「五・六・七」）文明への転換年となりました。「アイウエオ」の「ラ」は、「ヒフミ」（「一二三」）の「八」です。ミロク「五・六・七」（「火・水・土」）の大原理で神の創造が明らかになり、「八」の世へ――となっています。

「ヒフミ」（一 二 三）
「メシア」（三 四 五）
「ミロク」（「火・水・土」）（五 六 七）
神性化（八 九 十）

一　二　三　四　五　六　七　八　九　十

「八」の言霊はヒラク（開く）で、ヒラク――ヒラ（ア）ク――「ヒ」ラセン（「陽」・左・◎）

開《ア》いて神の創造が明らかになる——です。

ミロク「五六七」を足すと十八——十《カミ》（「火・水」・「陽・陰」・「タテ・ヨコ」＝神）ヒラクとなります。

また、九気（星）暦でも平成四年は「八白・艮」の年。「艮」の象意は終わりで始め（分かれ目、境界）で、古いものが終焉して新しいものが始まる。革命——天命があらたまる（革）ですから、文明の転換年にピッタリ。

「ヒラク↓ヒラ（ア）ク」

「アイウエオ」は、ラ行（ラリルレロ）を例にとってローマ字で書くと、ＲＡＲＩＲＵＲＥＲＯとなり、子音Ｒに母音ＡＩＵＥＯがついています。

これは、「アイウエオ」の四十八音は四十八《ヨトヤ》の神のみ働き、み力（片仮名でなく、象神名《カタカミナ》）ですから、本質的に母音と子音は分離できない構造、働きになっていると拝察されます。
※ミロク「五六七」の前のメシア「三四五」については少し後で説明します。

ご経綸は『神界写し絵地上天国』ですから、ヒトは「八～十」の神性化を求められています。

「ヒ」ラアクの開くは「八」に対し、閉じるは「十」智る。

出発は出「八」、到着は「十」着。ともに「八～十」です。

スタートはスタ「十」。タは達成する、ス・達成する・「十」。スは創造神。

スは主であり、ムスビ（産霊）のス。ム＝「六」「水」、ヒ＝「火」ですから、ムスビはス「火・水」、ス「陽・陰」。ムスビの力は創造神の無限力です。

また、タ――トは赤血球産生の「カ行・タ行」のタ行。タはカタ↓ヒナガタとタマですから、霊魂・霊体を浄め、「十」（ト）まで高（タカ）めさせる。＝霊相浄化、霊層昇華。

今度は「始める」、「～から始まる」のビギン。「ヒ」気ンで陽の気（「八」）ン（ンは神・人、自然・人一体）。ヒトは「八」から始まる、神性化へ――。人間からヒトへ（人間はヒトになるには「間」があります）。

「終える」のエンドは、焉は終焉の焉。句末に用いる助字で決定、断定の意を表しますから、エンドは「終えるは『十』だぞ」、「目的は『十』だぞ（エンドは目的の意もある）」という意味になります。

最後にラスト。原則的には連続したものの最後の意。極上の意味もある。「ラ」――「八」、

「ス」――創造神、ト――「十」で最後の「八～十」。

ユダヤ教、キリスト教、イスラム教のすべてが〝最後の審判〟を言い、神の裁きを経て審査に通った人たちのみ神の国が約束されていますが、「ラ」が開いた今がその時なのです。「ラ」を智って、ご経綸に役立つヒトにならせていただきましょう。

人類は創造神から最後の選択を迫られています。極楽か、それとも地獄か――。

ミロク「五・六・七」（「火・水・土」）の大原理による神の創造を智り、神性化（「八～十」）して、神・人、自然・人一体の神の子にならない限り、写し絵天国建設のご経綸のお役に立てず、神には不要だからです。いずれも物主文明の終末、ミロクの世到来を預言していた、神の啓示といえるでしょう。神裁きの世ですから、神からエラバれるヒトになって下さい。

「ヒフミ」（一 二 三）　「ミロク」（五 六 七）

一 二 三 四 五 六 七 八 九 十

「メシア」（三 四 五）　神性化（八 九 十）

「ヒフミ」（「一二三」）のご経綸は、「一」の神・人、自然・人一体の超古代から「二」へ――。

「二」は分ける、分析好きの還元科学が発達しますから物質文明へ。

「三《ミ》」は実《ミノ》るの世ですから、神・人、自然・人一体に元還りしますが、物質科学が伸展していますから高度なミロク文明へ――。


ミロク（「火・水・土」）の前にメシア（「三四五」）がおられます。

「一二三」（「ヒフミ」）、「三四五」（メシア）は「三」が重なり、「三四五」は実（ミノ）りの世（ヨ）出づ（イヅ）・御代出づ（ミヨイヅ）となっていますから、「二」から「三」への「天意の転換」があり、メシア（救世主）がご神示を受けられる（た）ことをお示しになっている――と推察致します。

同様に、「三四五」（メシア）、「五六七」（ミロク）と「五」が重なり、メシアの「三」（ミ）は導くの「ミ」ですから、メシアのいただかれたご神示、おコトバに導かれてこの本（ミロクの大原理）を書かせていただきました。「ミ」はミロクの「ミ」でもあります。

「二」の物主文明もご経綸の一環であり、お仕組みだったことがメシアへのご神示に示されています。

「三四五《メシア》」がいただいた「ス」・創造神の神界でのミロク文明への「天意の転換」（〝天の岩戸開き〟）は、昭和三十七年でした。

神の陽光・「ラ」による創造が明らかになった平成四年の三十年前、「三四五《メシア》」・「五六七《ミロク》」で「八」開き（ヒラキ）となっているように、「三四五《メシア》」＋「五六七《ミロク》」＝12＋18＝30で、ピッタリです。

ミロクの三位一体ですから、「神界→幽界→現界」と神界の出来事は現《うつし》（移・写・映）世に移されます。

創造神の神界での「天意の転換」が現界（世）に移（写・映）って、「陽《ヒ》」ラセン（◎）ヒラキを書かせていただきました。

宗教が説いていない「ヒフミ」の大経綸

メシアはご経綸上、物主の「二二」の世では人類界には知らされていなかった天界の秘め事、秘義をいただかれました。モウシェ（モーゼ）、釈迦、イエス、ヨハネなど聖賢すらたとえ知っていたとしてもはっきり伝えることを許されなかった超太古からの神仕組みの秘め事です。新約聖書ヨハネによる福音書には、「真理のみ霊、世に降りて、汝らに福音を述べん」とメシアのご出現をはっきり預言しています。

父のもとからあなたがたに遣わそうとしている助主、すなわち父のもとから出る真理のみ霊が来るとき、その方が私について証しをなさるはずである（十五章二十六）。
※父というのはトトの神、「ス」（創造神）のご直系の神様で、歴史的、文献的には天照日大神様か、国万造主大神様以外におられません（メシアのおコトバ）。

言っておきたいことは、まだたくさんあるが、今、あなたがたには理解できない（十六章十二）、しかし、その方、すなわち真理の霊が来ると、あなたがたを導いて真理をことごとく悟らせる。その方は、自分から語るのではなく、聞いたことを語り、また、これから起こることをあなたがたに告げるからである（同章十三）。

「三四五《メシア》」がいただいた神のおコトバ（神示）によれば、「一」から「二」へのご経綸は、人類に欲心を起こし、競争をさせて物質の開発を進めるためのご神策でした。

いっぽう神は、物欲の暴走にブレーキをかける役として釈迦、イエス、孔子、孟子などの聖賢をみ使いの〝神〟として時・所に応じて遣わされました。

釈迦もミロクの出現を予言されていました。

そのお経の名も法滅尽経。〝仏法が滅する〟という大変なお経ですから、一般にはほとんど知られていませんでしたが、『法滅尽経』（由木義文・著、大蔵出版）として出版されました。

法滅尽経の全文が載っていますが、「ミロク」のくだりのところだけ、由木義文先生の法滅尽経講話のなかから掲載させていただきます。

仏法が滅する時は、譬《たと》えてみれば油燈《ゆとう》の油がなくなる時、光がぱっと盛んになるようなものです。これから後は説くことはできません。

〔吾《わ》が法の滅する時は、譬えば油燈の如し。滅せんと欲する時に臨み、光明更《さら》に盛んなり、是《ここ》に於て便《すなわ》ち滅す。吾が法の滅する時も亦《また》燈の滅する如し。此れより後、数説《すうせつ》すべきこと難し〕

その後、数千万年して、弥勒《みろく》が世間に降《くだ》り、やがて仏となります。すると天下は泰平になり、毒気もなく、雨もほどよく降り、五穀はよりよく実ります。樹木は大きく育ち、人の身長は八丈《じょう》にもなります。寿命は八万四千歳になり、救われるものの数は限りがありません。〔是《かく》の如《ごと》きの後、数千万歳、弥勒《みろく》、当《まさ》に世間に下り、仏と作《な》らんとす。天下泰平にして毒気消除し、雨は潤《うるお》い和適《わてき》し、五穀は慈茂《じも》し、樹木は長大し、人の長《たけ》は八丈なり。皆、寿《じゅ》八万四千歳にして、衆生の度《ど》を得ること、称計《しょうけ》すべからずと〕

法滅尽経の初めの方では、釈迦の様子が説かれています。釈迦が説法をなされる前後には、必ず光明があらわれていたのに、今回は多くの人々が集まっているのにもかかわらず、釈迦には光明や威光がありません。

不思議に思った弟子が理由をたずねますが、釈迦は正面からの答えを避けておられます。釈迦はきっと、神から「ミロク」のご経綸をある程度教えられていたのではないでしょうか。〝法滅〟を説かねばならなかった釈迦の苦衷《くちゅう》が察せられます。

釈迦、モーシェ（モーゼ）、イエス、マホメットなど聖者、聖賢は、創造神がご経綸に沿い、時・所に応じて降ろされた（肉体化）、すなわち人間化した御使いの〝神〟と理解すべきではないでしょうか。

由木義文先生は「この経典を読んでいくと、人類が滅亡しても決して不思議ではないと思えてくる。というのは、今の地球を見た時、法滅尽経の予言する状態に実によく似ているように感ぜられるからである」と言っておられますが、釈迦の心痛の重みがわかるようです。

また、次に掲げる日蓮の三沢抄の中の一文を見ても、釈迦の弟子はじめ仏教の宗派の開祖といわれる人たちにも伝えられていたようです。

此れは仏より後迦葉・阿難・竜樹・天親・天台・妙楽・伝教・義真等の大論師・大人師は知りてしかも御心の中に秘せさせ給いし、口より外には出し給はず、其の故は仏制して云く「我が滅後・末法に入らずば此の大法いうべからず」と・ありしゆへなり、日蓮は其の御使にはあらざれども其の時剋にあたる上・存外に此の法門をさとりぬれば・聖人の出でさせ給うまでまづ序分にあらあら申すなり、而るに此の法門出現せば正法・像法に論師・人師の申せし法門は皆日出でて後の星の光・巧匠の後に拙を知るなるべし、此の時には正像の寺堂の仏像・僧等の霊験は皆消へ失せて但此の大法のみ一閻浮提に流布すべしとみへて候

『日蓮大聖人御書全集』下巻（創価学会版）

釈迦が説いた仏法が滅するという法滅尽経、ユダヤ、キリスト、イスラムの一神教もまた〝最後

の審判〟、この世の終末を預言していたことは、釈迦、モーシェ、イエス、マホメットら聖者は、物主の世の終わり、ミロクのご経綸をある程度知らされていた。しかし物質の開発を推進するという「二二」のご経綸上、真のコトを明かすわけにはいかなかった――と察せられます。

宗教は「ヒフミ」の大経綸を説いていない――が最大のポイントです。

『赤血球先天八卦図』は暦（九気暦）とも一体です。『赤血球先天八卦図』と「アイウエオ」がドッキングした平成四年は、八白（艮）の「八」の年です。

後天定位と平成四年の九気（星）盤を並べましたが、定位盤の「八」の位置が「五」（中央）の東北（南北が地図とは逆）にあたる「艮」です。

先天八卦図に方位をつけた「伏羲の八卦の方位図」から移行したのが九気・後天定位盤。伏羲の方位図には「五」はありません。「五」は太極を意味し、天、ア、神、ヒです。

「艮《うしとら》」（東北）の方角は〝鬼門〟と呼ばれ、古来から百鬼出入の門として恐れられてきました。「艮」の金神といえば、陰陽道では、悪の祟り神を意味します。

この〝鬼門〟が〝貴門〟で「艮」の金神は国常立尊（大神）とわかったのが、平成四年の立春、八白・艮の年の正月元旦です。

八白の年は、「八」が中央「五」の位置にきて、〝鬼門〟の「艮」（「八」）が〝貴門〟（五・天・ア・神・ヒ）に入っています。

「八」（山・細胞）の定位には「二」（二黒・坤・地・「土」＝生殖細胞）。「二」の定位には「五」（天・神）。

「艮」の金神、国常立尊

明治二十五年（一八九二年）の節分、「艮」の金神国常立尊は、大本の開祖出口ナオの口をかりて〝初発の神勅〟をおろされたといわれます。

「三千世界の大洗濯、大掃除を致して、天下泰平に世を治めて万古末代続く神国の世に致すぞよ。神の申したことは、一分一厘違わんぞよ。毛筋の横幅ほども間違いはないぞよ。これが違うたら、神はこの世に居らんぞよ」（『出口王仁三郎　三千世界大改造の真相』中矢伸一・著、KKベストセラーズ）

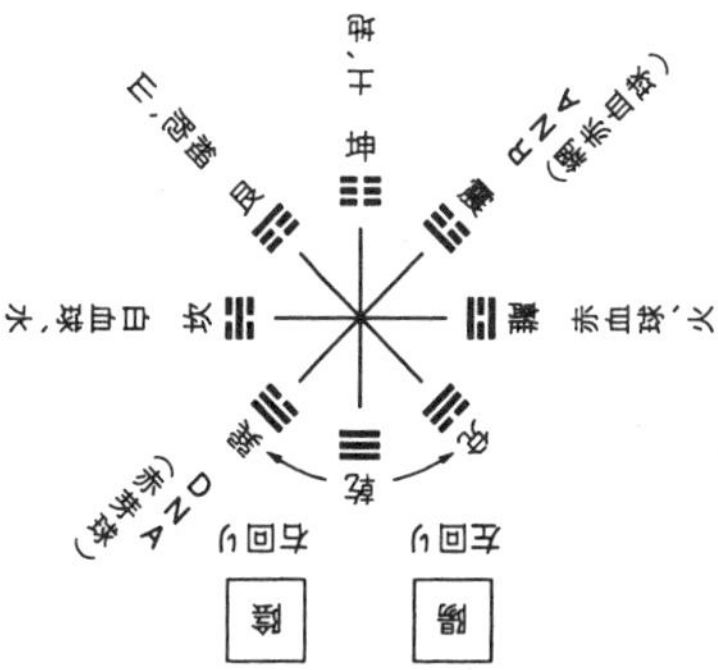

赤血球先天八卦図

伏羲の八卦の方位図

南

七	三	五
六	八	一
二	四	九

北

平成四年の九気盤

南

四	九	二
三	五	七
八	一	六

北

後天定位の九気盤

四	九	二
三	五	七
八	一	六

七	三	五
六	八	一
二	四	九

一	六	八
九	二	四
五	七	三

三千世界は、千＝チ（霊）で、「神界・幽界・現界」です。「三千世界の大洗濯」「神国の世に致す」と、ミロクの世の到来をお示しになっておられます。

〝貴門〟と知った平成四年（一九九二年）は、〝初発の神勅〟からちょうど百年です。〝貴門〟をきっかけに「アイウエオ」、暦に懸命に取り組んだ結果、「ヒ」が〝先〟、赤血球産生のカ行、タ行による「カタ――コト――モノ」の発見、執筆に役立った本との出合いなどが相次ぎ、「アイウエオ」と『赤血球先天八卦図』がドッキングした年となりました。

貴門―気門で、赤血球産生の「陽・陰」の気門が開かれる（起門）ことでもあったわけです。『赤血球先天八卦図』では、「艮」は細胞です。「八」（「艮」）の数象は五と十。〝初発の神勅〟から百年は十（神）の十（神）倍。ちなみに私も「八白・艮」（昭和四年）の生まれ。姓名の画数も福

（14）島（10）教（11）義（13）＝48で、「アイウエオ」四十八音と同数となっています。

中央に「五」（定位）「八」「二」の三つの九気（星）盤を並べてみると、やはり「五」「八」「二」は特別な関係にあります。

九気定位盤（中央に「五」）は、縦、横、斜めともそれぞれの計が15とそろっていますが、ほかは「八」「二」の九気盤だけです。

「五」「八」「二」の数象をみても、ともに五と十です。

平成四年の「八白・艮」の年は「八」（山・細胞）が中央に入り、そのあとに「二」（坤・「土」生殖細胞）が、「二」の定位（中央「五」の定位盤で）には「五」の〝貴〟が入っています。

「二」（二黒・坤）は、鬼門（艮《うしとら》＝丑寅・東北）に対し、裏鬼門（未申《ひつじさる》・西南）といわれています。

鬼門――貴門――気門――起門で、細胞と生殖細胞（「土」）は、一緒にヒラカれることになっていました。細胞（「八」）＋生殖細胞（「二」）は十。

Ｐ１４３の地図（図「日本のピラミッドネットワーク」）を見て下さい。

日本全土を覆うピラミッドネットワーク。「ピラミッド」といわれる山々は、きれいに「艮《うしとら》」線上に並んでいます。「ピラミッド」については後述します。

今度はＰ１４４の地図!?（図「日本列島は世界の縮図」）をご覧下さい。

日本の国土は竜体（竜神のすがた）をしています。また、世界の五大州を凝縮した形になっています。

「日本の国土は、地上神界の主宰神たる〝艮の金神〟こと国常立大神の、御肉体そのものなのである。したがって日本は、地上界における霊的中枢であり、世界の雛形であることを、その国土をもって体現している。

国常立大神は、世界東北（丑寅《うしとら》＝艮）にあたる日本列島にご隠退することになった。それ以来、〝艮《うしとら》の金神〟と呼ぶようになった。

また、国常立大神の妻神である豊雲野大神は、未申《ひつじさる》（南西）の方角にあたるイスラエル地方に退去され、〝坤《ひつじさる》の金神〟と呼ばれるようになった。以来、南西の方角は裏鬼門と称されている」

（『日月神示』、『日月神示――神一厘のシナリオ』ともに中矢伸一・著、徳間書店）。

〝鬼門〟、〝裏鬼門〟です。

大本（開祖出口ナオ・出口王仁三郎）は、明治二十五年の節分の〝初発の神勅〟から昭和十七年末までの五十年間で〝地の準備神業〟の役目を果たし、ミロクの預言は必ず実現されるといいます（『出口王仁三郎　三千世界大改造の真相』中矢伸一・著、ＫＫベストセラーズ）。

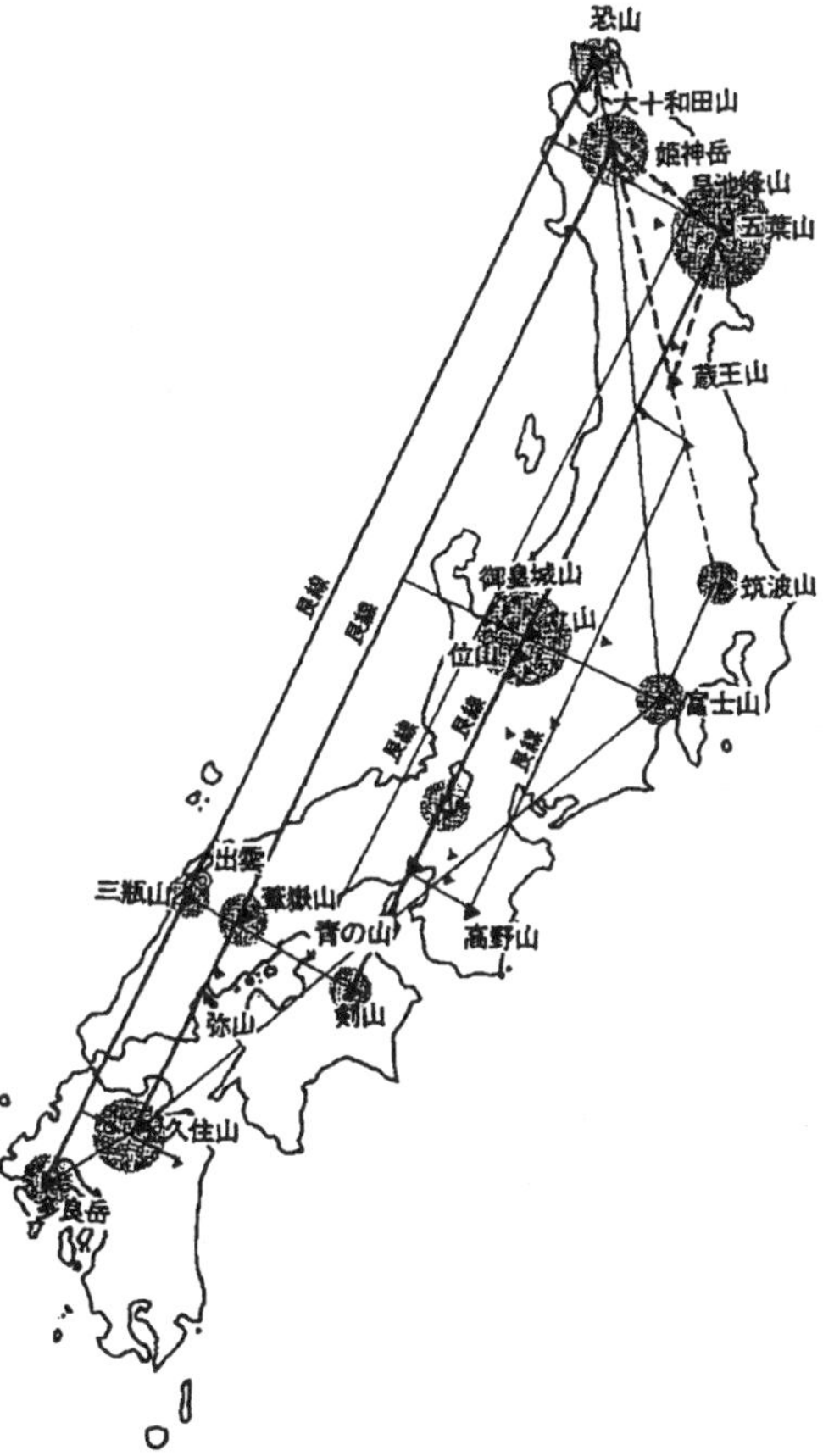

日本のピラミッドネットワーク
(『日本ピラミッド超文明』伊集院卿、大平光人・共著、学習研究社)

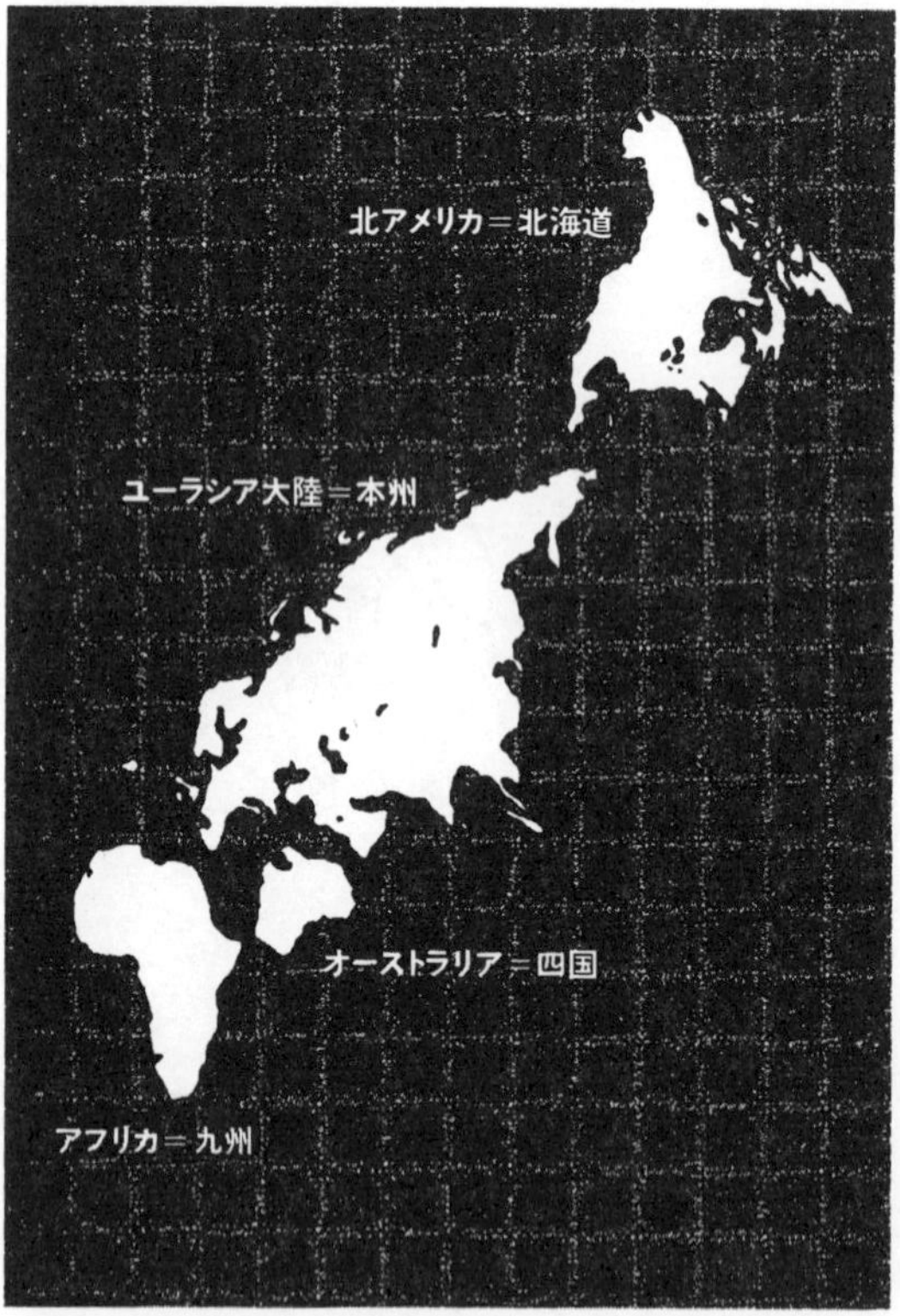
北アメリカ＝北海道
ユーラシア大陸＝本州
オーストラリア＝四国
アフリカ＝九州

日本列島は世界の縮図

前にも述べたように、赤血球先天八卦図と「アイウエオ」がドッキングした平成四年は、〝初発の神勅〟から百年ですが、昭和十七年までの大本の五十年と同十八年〜平成四年の五十年にきれいに二分されます。五十はゴッドです。

〝初発の神勅〟は節分の日でしたが、大本では節分とは、国常立尊など正神系の神々を押しこめた日であるとして、その祭事も厳粛に行い、煎り豆の代わりに生豆を撒いたり、「福は内、鬼も内」と唱えることになっています。

国常立尊はしめ縄を張り巡らされ、「煎り豆に花が咲くときまで出てくるな」と呪いの言葉を吐きかけられたといいます。煎り豆には花が咲かないことから、永遠に出てくるなという意味です。

私が〝艮の金神〟は国常立尊と知ったのが、平成四年の「八白・艮」の年の正月元旦、立春（節分の翌日）だったことも不思議です。

「八」の年にふさわしく「ヒ」ラセンがヒライた年となりました。

生命・自然・コトバは一体

〝初発の神勅〟どおり、「神の申したことは一分一厘違わんぞよ。毛筋の横幅ほども間違いはないぞよ」でした。

千島喜久男先生の千島理論に導かれて逆転写酵素・ガンへのミチは、還元カガクのデータや最先端の分子生物学と既成カガクを超える「気」を取り込み、易と結ばれて『赤血球先天八卦図』が誕生、「火・水」・「陽・陰」『火・水・土』（ミロク）の大原理に到達しましたが、「アイウエオ」「ヒフミ」と国常立大神の〝初発の神勅〟は既に知っていた、いや待っておられました。

易、九気暦、コトバなどは既成カガクにとっては無縁な、むしろ〝迷信〟とされてきたものです。生命・自然・コトバは一体で、ミロクの原理が綾なすコト・モノの世界、神によって創造された、いまなお常に神のみ力が至善にはたらく、大芸術品です。

ミロクの原理を示された『赤血球先天八卦図』・「アイウエオ」・「ヒフミ」・九気暦のドッキングは、明らかに自由競争の無限定の世から、神のご経綸に一体化させる霊主文明への天意の転換が写されたものと拝察いたします。

繰り返しになりますが、多くの人々にうたいつがれたわらべ唄「かごめかごめ」が神の創造が明らかになって（創造神のお出まし）ミロクの世がくることを預言していました。

かごめかごめ　篭の中の鳥は
いついつ出やる　あしたの晩に
雪駄（せった）をはいて
チャラチャラ出やる
うしろの正面だァれ

「チャラチャラ出やる」――

「チ」――血（赤血球）、霊（「陽」）、土《ツチ》《つち》（地）、「土」（生殖細胞）＝生命《イノチ》の「チ」です。「ヤ」――八（「ヒフミ」）、山（ヤマ）で『赤血球先天八卦図』の細胞（八白・艮・山）、平成四年は「八白・艮」の年、「ラ」・「陽」（◎）。「ヤ」は「タテ」でもあります。

この唄は、『赤血球先天八卦図』・「アイウエオ」・「ヒフミ」のドッキングにピッタリです。

「あしたの晩に」――
あしたは明日でなく、朝のあした（↕ゆうべ）。「あしたの晩」の晩は、夜明け（明け方）の晩
――黎明の時でしょう。

朝はアサ（ＡＳＡ）↓「アスア」で、〝天（アマ）の岩戸〟を創造神・「ス」が開（ア）けられる――なのです。天界《あま》の夜明け――「二」から「三」のミロク文明への〝天意の転換〟です。

「アスア」はまた、「ア」（「アイウエオ」）の中から「ス」神（創造神）が現・顕（アラワ）れる――となっています。

同時に「ア」（「アイウエオ」）・ス（素・元）・ア（明）――で、「アイウエオ」は神がつくられた根源語であることが認識されるでしょう。

「篭の中の鳥はいついつ出やる」通り、神のみ光の「ラ」（◎）が開いたミロク文明転換年の平成四年（ご経綸の「八」）の翌年の酉年（同五年）に書かせていただきました。

神代の夜明けを告げる鶏鳴が鳴り響き、ここに「正神真神のご出現」をみたのであります。黎明の暁鐘は高鳴り、主《ス》の大御神様は、〝輝くみ光〟となってご出現あそばされておいでになられるのでございます。

カゴメ（✡）のマーク（図形）は〝宇宙〟を表し、〝神の国〟を表すものであります。山根キク女史によると、「カゴメとは神代文字の一種であって、「ア」の字で天を意味するものである。カゴは神護ること。すなわちご神体を守る宮囲いのことである」（『キリストは日本で死んでいる』たま出版）ということです。

創造神は⊙。万象万物、実があれば核がある。中心があるから全体があります。創造神があって宇宙があります。

神代文字の一種に「ア」◯があります。ハングル＝韓国・北朝鮮文字では天（テン）はチョン↓，。そこで、「ア」◯に，（テン・チョン）が入って創造神⊙となります。

同じ神代文字「ア」のカゴメ✡も✡、「ス」の創造神お出ましのジングルベル（神来鈴）が鳴りわたる天の時が来ました。⊙は鈴（ベル）と相似です。

ここで、新約聖書「ヨハネ福音書」の〝初めにコトバありき〟を掲げましょう。コトバは言霊「アイウエオ」です。ヨハネは、「アイウエオ」の四八音《ヨハネ》と一致します。

〈初めにコトバがあった。コトバは神と共にあった。コトバは神であった。このコトバは初めに神と共にあった。すべてのものは、これによって出来た。出来たもののうち、一つとしてこれによらないものはなかった。このコトバにイノチがあった。そしてこのイノチは人の光であった。光は闇の中に輝いている。そして闇はこれに勝たなかった〉

「アイウエオ」は光となって世界をあまねく照らし、闇の中に隠れていたマコト（真）が現れるでしょう。人類は陰光の「晩」（夜）から陽光の「朝」（昼）へ――。

わらべ唄の歌詞は、各地でさまざまに変化するものですが、前述の「かごめかごめ」もそうです。江戸時代から伝わるわらべ唄で、関東地方を中心に全国に分布しています（『NHK日本のうたふるさとの歌』（講談社）と『わらべ歌風土記㊦』浅野建二・著、塙書房から）。

「あしたの晩」のところは、「夜明けの晩」「八日の晩」「十日の晩」それに「七日の晩」もあります。

ともにご経綸の「八～十」の神（十《カミ》）の代の到来を示しているといえます。七日はナル（成）のラッキーセブン。

さらに歌詞のなかには、「夜中のころに赤いちょうちんつけて白いちょうちんつけて、まだかねよしかね」というのもあります。

赤は赤血球、白は白血球でしょう。「夜中」ですから、千島喜久男先生が昭和二十二年（一九四七年）千島理論の学位請求論文を大学に提出、正式に受理されながらあまりにも革命的であったため審議に至らなかった〝暗い〟イメージによく合っているではありませんか。

千島先生の悲痛な叫びが聞こえてくるようです。もちろん、〝天の岩戸〟はまだヒラカれてはいません。

「神は私に大きな仕事をさせようとしている」

これは千島先生が夫人に漏らした言葉です（『千島学説入門』枠山紀一・著、地湧社）。

古代文字ホツマ

創造神が神・人、自然・人一体の神界写し絵・地上天国のご経綸を進めておられることを「ヒフミ」と「アイウエオ」のワ行で見てみましょう。

神は計画的にヒトを創られました。

「ヒフミヨイムナヤコト」――最初の「ヒ」と最後の「ト」を合わせて必然的に出来たもの。

「ヒ」ト　「ヒ」＝霊　「ト」＝人・止・留・処

万物・万生のヒナガタを創られたあと、最後に（止）ヒトのヒナガタを創られました。（すべてのプロセスが完了し、人間が誕生した。）（『言霊姓名判断』坂口光男著、ＫＫロングセラーズ）

計画的に人を創られたのですから、神は目的をもっておられます。

（Ｗ）

ウア——ワ

ウイ——ヰ

ウウ——ウ

ウエ——ヱ

ウオ——ヲ

「アイウエオ」のワ行を見て下さい。

母音アイウエオに子音「ウ」（Ｗ）がついています。「ヰ」は井、囲炉裏の井。自然の「イ」（泉）でなく、人工です。「ウ」（Ｗ）——生む、産むで人工（加工）になっていますから「自然」＋「人知・物力」。

ヱは絵。現世（うつしよ）は高次元の移し、映し、写し世ですから、神界の写し「絵」（ウツシエ＝ウエ——ヱ）です。

創造神が神の子・ヒトとともに、神智・神力と物質を開発、動かす人知・物力を十字にムスンで地球上に〝天国〟を建設しようという天意《アイ》が示されています。天国はもちろん「ワ」（和）の世界です。

神の土の産霊の力をいただく、自然・人一体のＥＭ技術は、比嘉照夫教授がご経綸に沿って神

（天）から授かったものといえるでしょう。

古代文字のひとつホツマ（秀真）文字に、陽の気、陰の気と思われるラセン回転紋様文字を発見（『言霊――ホツマ』鳥居礼・著、たま出版）」、驚いて研究した結果、間違いなく陽の気の左ラセン回転、陰の気の右ラセン回転を表す文字でした。

文字は「神」を意味する「ア」（◎⊙・の変形）、神・人、自然・人一体を表す「ワ」（◎◈の変形）。

ホツマ文字で書かれたホツマツタヱ、フトマニ、ミカサフミの三書とも「陽・陰」の大原理（「ヒ」〝先〟・「ミ」〝後〟）を基本としています。

男女二神の国生みの天の御柱巡りでは、最初、男神が柱を右回りに、女神が左回りに回られたので〝流産〟してしまいます。

二回目は反対に男神が左に、女神が右にと回られた結果、国生みは成功しました。

（W）

ウ・ア――ワ

（神力・人力）

この国生みの神話は、神の「無」↓「有」の宇宙創成と受精卵の生命誕

「ヒ」（「ア」「カ」）

火（赤）	陽	男	左	霊	日	◎	卐	タテ

「ミ」

水（白）	陰	女	右	身（物）	月	◎	卍	ヨコ

生は、ともに「左〝先〟・右〝後〟」の神のみ力であることを教えています。

「ヒ」・「ミ」図を見て下さい。

男と左は「ヒ」に、女と右は「ミ」にあります。このため一回目の男神の右回り、女神の左回りは逆法となって〝流産〟しました。

神の産霊の「火・水」、「陽・陰」は「ヒ」である「火」と「陽」が〝先〟です。

受精卵は「火・水」の産霊で、赤血球は「陽・陰」の産霊でつくられ、「ヒ」が〝先〟の「火・水・土」のミロクで形づくりが行われます。

ホツマ文字でも、神・人合一、自然・人一体は「陽・陰」の「◎・◎」（「左・右」）となっています。

ホツマ三書は五七調の形式をとっています。

ホツマ文字音図は四十八音。五十音図とは行の配置が少し異なり、ヤ行がヤヰユヱヨ、ついでワ行のワ□ン□ヲとなっています。

なぜヤヰユヱヨか――。「ホツマ」と五十音図の「ヱ」を比較すると、次のようになります。

（ホツマ）

		(Y)
ヤ	ア	イ
ヰ	イ	イ
ユ	ウ	イ
ヱ	エ	㋑
ヨ	オ	イ

（五十音図）

		(W)
ワ	ア	ウ
ヰ	イ	ウ
ウ	ウ	ウ
ヱ	エ	㋒
ヲ	オ	ウ

「イ」（子音Y）「ウ」（子音W）が違っています。「ウ」（人知・物力、五十音図）は写し絵〝天国〟でしたが、ホツマの「ヱ」（絵）は何でしょうか。

「イ」は意（内に秘めた心）。意（イ）で描（エガ）く「ヱ」（イエ―ヱ）＝歌でしょう。「ホツマ」は〝歌集〟です。

次に「ヤ」です。

イ　ア　―　ヤ

「イ」は意、「ア」はアマ（天、神）ですから、
「イア」は神意と一体化することが「ヤ」、歌ごころの基本といえます

さらに「ア」からヨコに読むと、

アイウエオ　「ア――ヤ―ワ」
―
ヤヰユヱヨ　「アヤ」＝紋、「ヤワ」＝和
―
ワ　ン　ヲ　紋、和ともに歌ごころにふさわしいコトバです。

ホツマ四十八音図をラセンを描くように「ア――ヤ―ワ」と歌いあげるアワの歌は、「陽・陰」の歌といえます。「見方によっては、五七調という和歌の形式のもとになっているともいえる」と鳥居礼氏は述べています。

日本人の脳の特殊性

五十音図のヤ行は自然の力、エネルギー、はたらきかけです。

ヤイユエヨ
―――――
アイウエオ
イイイイイ

「ヤ」山、「イ」泉、「ユ」湯、湧出（火山・温泉）、揺れる（地震）、雪、夢、縁（ユカリ）、「エ」縁（エニシ）、「ヨ」夜、代々、世々＝自然法則による繰り返し、撚（ヨ）る＝繰り返し。

ヤ行の本質はすべて母音です。イアイイイウイエイオ＝ia・ii・iu・ie・io。自然の力の動、イ（i）を意味します。

「ヤ」はイア、意（イ）が現・顕（アラワ）れる。逆には「アイ」＝天意、愛。

自然の力、エネルギーは、神の愛であるとともに、『火・水・土』の破壊には、神意のコトバ（神は意力）となって戒められます。人類は「ヤ」―イア、神・人一体、自然・人一体、自然＝神という祈り（イノリ）と感謝の気持ちを忘れてはならないでしょう。

最後に神・人、自然・人一体のワ行の終りの「ヲ」。

物理的、能率本位の戦後の現代かな遣いの「オ」から、個性的な「ヲ」を復活して、ヲトコ、ヲンナへ――。

「オ」は大（オホ）きいで、個の総称（全）に対し、「ヲ」は尾、小川（ヲガハ）ですから、末端の個々です。

終はヲ（個々）ハル（展開）を意味し、自然界の完成をいうコトバですが、人間界だけはまだヲハッていません。むしろ神化（進化＝展開）はこれからです。神の子として無限の可能性をもつ人類です。

オモシロイ（面白い）は大勢が納得する対象ですが、頑なな個の言動である「ヲカシイ（可笑しい）のではないか」がマコトとなる時です。雄々（ヲヲ）しく進みましょう。

〝迷信〟が〝明信〟になる時です。彼岸ならぬ霊眼をヒラキましょう。

天《アマ》の法則に従って顕現しているのが面《オモ》（表）

天《アマ》―神真《アマ》―神は真《マコト》
神は大愛であるとともに真ですから、万象・万生弥栄えの仕組みの置き手（掟）の法《ノリ》は厳として保ちかつ保たれようとなさいます。

ミロク「火・水・土」（「五・六・七」）の大原理など神のみ意《こころ》が乗った神理《カミノリ》（法《ノリ》）を犯すことは絶対許されません。

神の至れり尽くせりの大愛に感謝するとともに天意《アイ》を智り、み意《こころ》（神意《アイ》）に乗り合わせる（合い《アイ》）よう努めましょう。神・人合一、自然・人一体です。

㋐イウ㋓オ　神の「ア」に対してヒトは「エ」（枝）。物質にかかわる概念、物の理法だけの、遺伝子操作、クローン生物づくりなどバイオテクノロジー（生命工学）は枝知です。

天《ア》（神）意《イ》・愛・合い

天

アイウエオ
カキクケコ
サシスセソ
タチツテト
ナニヌネノ
ハヒフヘホ
マミムメモ

面

神の「タテ・ヨコ」（「火・水」・「陽・陰」）十字の「無」↓「有」の無限力に対して、人力は「ヨコ」だけであることを謙虚にサトリ（差を取る＝神・人、自然・人一体となる）ましょう。

エデンの園は、エ（枝）をデ（出）した、ン（神・人一体）の国、五色人の本（元）つ国である日本《ヒノモト》（霊の元）です。

「タテ・ヨコ」の受精卵（「土」）の形づくりと赤血球産生は、「アイウエオ」のカ行とタ行の「カタ――コト――モノ」。「火」（精子）と

アイウエオ
㋕キクケ㋙
サシスセソ
㋟チツ㋢㋣
ナニヌネ㋨
ハヒフヘホ
マミムメ㋲
ヤイユエ㋵
ラリルレロ
ワヰウヱヲ
ン

「水」（卵子）の産霊で出来たヒナガタ（霊成型）の設計図に従って――コト（神つみ力、み働き）でモノ（物質・細胞化）。カタチも「カタ」に「チ」がつく（血肉化）。

ヒナガタが土の気（霊）で醸されていますから、ホ乳類では赤血球の中に、クローンづくりの移植に使われる核（個の全遺伝情報が乗っている染色体が入っている）が生じます。

同時に、細胞質の方には土壌微生物と同じ原核生物の共生説が出ている細胞内小器官が出来ます。血（土）肉化ですから、新生児は生後間もなく原核生物の腸内善玉菌が「無」→「有」で出現します。

「アイウエオ」の構造、働きは、日本人の脳の特殊性と密接です。

西洋人は論理は左脳、感情は右脳とはっきり分離しているのに、日本人は両方とも左脳で処理しているので、論理的思考に感情がまじりやすい。この感性の相違を解くカギは、母音が大きな役割を果たす日本語の特殊性にある――というユニークな角田忠信氏の説があります。

言語のうち子音は西洋人、日本人とも左脳で処理していますが、母音は西洋人は右脳なのに、日本人は子音と同じ左脳。また母音とよく似たコオロギなどの虫や鳥の声、川のせせらぎや波の音などの自然音や泣き、笑い、甘え声などの感情音も左脳で処理しているために起きる現象といいます。右脳はモノで表される西洋楽器音（邦楽器音は左脳）、機械音などに限られています。

母音、子音とも、それに自然音、感情音まで左脳で処理する日本人。これは「アイウエオ」が、神のみ意《こころ》が乗った生命・自然・コトバが一体化した根源語であり、〝はじめに「アイウエオ」があった〟からです。要するに、四十八音の一語一語が神のみ働きとなっているからだといえましょう。西洋人では、コオロギの声は意味のない雑音として右脳へいってしまいます。

カ行（カキクケコ）、サ行（サシスセソ）を例にとってローマ字で書くと、KAKIKUKEKO、SASISUSESO。「アイウエオ」は本質的に母音、子音は一体であり、切り離せない構造、働きになっているのではないでしょうか。

また、ツ語を頭にもつ日常的基本語、突く、付く、積む、摘む、詰まる、槌、尽くす、強い、ツララ、努める、綱、包む、綴る……を並べてみると、コトバで表現されているコト（言＝事）は、すべて集中、集合、結集による充実した力や状態をいっています。

「ツ」一つとっても、ツ語を主格にした同一音の音義は本質的に同根、多義的な意味、チカラを秘めていることがわかります。

「ツ」はTU↓ツウ。母音「ウ」は産（生）む↓ウム（ウ）↓ウ無（有）。「無」↓「有」（0↓1）の産（生）み出す力を内包しています。

「ツチ」というコトバ（言霊）、神のみ働きがあって、「土」の現象が現れているといえます。神は意《イ》力です。普通のコトバの概念とは本質的に異なります。


生殖細胞が「土」になっているのは、生命・自然（土）は一体でつくられ、はじめにEMのような蘇生型微生物と一体の土があって植物、動物が出来ています。このため土の力は、ツチ↓ツ（ウ）チとイノチ（霊・血・「土」・土）を産む、生ます、再生させる力があります。土の霊（気）が〝先〟にあることになります。

ホ乳類発生の要の〝体外器官〟として、造血・呼吸・排せつの多機能をもつヘソ（胎盤）も土《つち》です。

日本語における母音

「ヒ」は、霊、火、日、陽、光、左……（『赤血球先天八卦図』ほか）。

日本語は胃、絵、尾など母音だけで意味のあるコトバを多くもっています。

このように、「アイウエオ」四十八音すべてが意味のあるコトバとなって、左脳の言語脳で処理されるのではないでしょうか。これは、「左右の脳への振り分けは、意識の座である大脳皮質の関与なしに、皮質下の脳幹を中心とする自動選別スイッチ機構で行われる」という角田先生の研究によって、裏付けられるようです。

母音、子音の未分化な脳幹において、「アイウエオ」と他言語にはっきり振り分けられるということは、「アイウエオ」は本質的に他言語と異なっていることを示していると思われます。

日本人と非日本人の間にみられる優位性の差は生得的なものではなく、六歳から約九歳までの言語環境によって決定されることが明らかになっています。

この臨界期に日本語で生育した人は、母音の音形の基本構造をもつ音を言語半球（左脳）優位とする特徴を具備し、多くの非日本語圏で生育した人は、子音を含む音節構造の特徴をもつ音に対してだけ、言語半球（左脳）優位とするスイッチの特性をもつようになります。

このように、大脳皮質に入る手前で、言語情報が非言語情報より最優先に選別される機構が存在することがわかりました（『日本人の脳』角田忠信・著、大修館書店、ほか）。

「アイウエオ」を根源語として各国の文字、コトバはつくられ、統一されていると考えられます。

文法、音韻、語彙などいずれの点からも謎だらけの不思議な言語とされ、「日本語ほど系譜、系統や言語上の親族関係のはっきりしない言語はない」ということが世界の言語学会の常識となっている（『超古代日本は世界の臍だった』吉田信啓・著、文化評論出版）のも、根源語だからでしょう。今後、ミロク文明の核として「アイウエオ」「ヒフミ」は大いに貢献することでしょう。

生命・自然・コトバが一体なのは、生命も自然も「アイウエオ」で創られている、つまり「アイウエオ」が根源的なコトバ（言霊）となっているからといえます。

「ヨハネ福音書」の「コトバは神であった。すべてのものは、これによって出来た」のコトバとは、「アイウエオ」であったわけです。神は意力です。神意《アイ》。

日本人と非日本人の間にみられる脳の働きの違いは、民族差や生まれつきではなく、後天的な言語環境によって決まることも、「アイウエオ」で生命が創られているとして矛盾は生じません。

生命・自然・コトバの一体性、「火・水」・「陽・陰」「火・水・土」の大原理を示す『赤血球先天八卦図』の誕生についても、納得できるのではないでしょうか。

日本に残る超太古文献、竹内文書によると、宇宙は七次元となっており、まず、はじめに七次元神界が創られ、次に六次元、五次元、四次元神霊界、そして三次元現界というふうに創造されました。

三次元世界は物質の世界ですが、四次元界から七次元界までは非物質の世界です。

○…七次元界は非常に霊気の澄んだ神（創造神は「ス」）の世界です。強烈な魂力、意力だけの神。意を発せられると天地間、神霊界から物質界への一切の波動は、あらゆるバイブレーションの波となります。「アイウエオ」の始まりはアイ（天意）となっています。神の意力です。

○…四次元界までの神は大きくなることも小さくなることも、また流（竜）体化することも自由自在です。

○…上位次元の神は各次元を行き来し、例えば五次元界の神が四次元界に降りられたり、さらには人間に化けて現界に出現され、また元の次元界に帰られるなど自在に上り降りされ、さまざまに変化されます。

逆に、下の次元の存在が上の次元へ上がることは、原則としてできないようになっています。

○…神々と人間の魂とでは、同じ四次元界でも位置するところが違います。神々は四次元界の上層部に位置し、人間の死後は幽界と呼ばれる下層部にいくのが普通です。

仏教では四次元界を第四兜率天《とそつてん》と呼んでいますが、釈迦、イエスはその上層部に帰っておられる

次　　元	神		創造
七次元神界	カクリミ(隠身)神 強烈な意力のカタマリ・ 魂力だけの神	非物質の世界	▼
六次元神霊界	カゴリミ(仮凝身)神 意力・魂力だけの神ではなく、 霊細胞をもった神		▼
五次元神霊界	カガリミ(耀身)神 光り輝く霊体をもった神、 光神		▼
四次元神霊界	ハセリミ・カケリミ(駛身)神 流(竜)体化して空界を 駆けめぐって活動される		▼
三次元現界	カギリミ(限身)・ アラヒトガミ(現人神)	物質世界	▼

神界・神霊界の構成

わけです。

○…物質界である現界ではご活動も肉体で限定されますから、三次元界をカギリミ（現身）神界と呼ぶわけです。

竹内文書には、五色人類の発生と世界への分布、また超古代からの日本の皇統譜などが詳しく記録されています。

竹内文書によると、宇宙の始まりから歴史時代（神武天皇～）にわたる年代誌は、天神七代、上古二十五代、不合朝時代（七十三代）となっています（『謎の竹内文書』佐治芳彦・著、徳間書店）。

竹内文書「神代の万国史」を編集した竹内義宮氏（天津教第六十七代管長）は、「進化論」をはっきり拒否し、「人間の世界が進歩しつつあるように思うのは極めて皮相な見解で、むしろ退歩している。……神の子として神と自由に交通できたものが、神の存在さえ抹殺して自分を猿の進化であるとまで放言するだけ、それだけ神智霊覚が退歩している。……現今の向かうところを放任したら、数世紀のうちに猿に退化するであろうと思われる」と痛烈な文明批判をされていますが、〝真実〟です。


創造神は物主の世の中で、人間に神との関係を保たしめんため、モーシェ、イエス、マホメットら聖者を通して啓示という形で、「ヒ」（霊）・コトバが〝先〟であることを種々に開示されました。竹内文書によれば、モーシェ、イエス、マホメットのほか、釈迦、孔子、孟子、伏羲ら聖者、聖賢も来日し、天皇にお目にかかり、皇祖皇太神宮に参拝しています。

不合朝末期から神倭朝初期ごろになると、たんに表敬のためだけでなく、上古代以来の歴史や万国政法を探り、宗教の本来のあり方などを学ぶために、皇祖皇太神宮を訪れるということになりました。

というのも、不合朝後期に、いわば集中的に襲った大異変によって、世界各地の上古代以来の文明がほとんど壊滅したため、文明の基礎的ノウハウさえ、皇祖皇太神宮で学ぶ以外に方法がなくなってしまったからです。

竹内義宮氏の解釈では、「いま右に挙げた人々は人生のある時期（十数歳から三十歳ころまで）、つまり人間形成・思想形成のもっとも重要な時期の消息が皆目わかっていない。いわば生涯のこの謎の期間に、これらの人々は故郷を離れて、日本の皇祖皇太神宮に留学していた」ということです（『謎の竹内文書』佐治芳彦・著、徳間書店）。

ピラミッドパワー

ピラミッドパワーなど不思議な謎を秘めるピラミッド。真の〝天の岩戸開き〟で、謎が明らかになる時がきました。「ヒ」が〝先〟。〝はじめに「アイウエオ」があった〟――これがパズルを解くカギです。ピラミッド――「ピラ」ですから、「ヒ」、神、陽の気（霊）の左ラセン回転が関係している、とみます。今日まで種々研究が行われましたが、ラジエスセシア（放射探知技術）の研究家たちは、次のような驚くべきことを発見しました（『復活！ピラミッドパワー』ピラミッド情報班・著、ウィーグル）。

ピラミッドには三種類のエネルギーがあります。

①頂上から上に向かって右回り（時計回り）でラセン状の渦を描いて放射されるポジティブ（陽性）エネルギー

②内部で頂上から下に向かって左回り（反時計回り）で放射されるネガティブ（陰性）エネルギー

③ネガティブエネルギーに包まれながら垂線から六度十五分南へずれて放射されるパターンや極性（陽、陰）をもたないエネルギー

「陽」と「陰」、まさしく〝神〟です。しかし、「ちょっと待て。おかしいぞ」という声が出てきそうです。なぜなら、「陽」は左巻き、「陰」は右巻きラセンだからです。

ピラミッドには目に見える天空へ通じるラセン状の階段がありますが、やはり左巻きです。

〝神〟は正面を向いておられると考えるべきでしょう。向かって右側が左手のあるヒダリです。

高名な神社、仏閣は必ず北を背にし、仏様の左手の方向が東に位置するようになっています。ピラミッドの四辺は東西南北にピッタリあっています。

易では、太極から陽・陰に分かれた両儀までの三位一体を神（霊）界、四象を幽界、八卦を現界とします（『易が語る語源の神秘』児井英義・著、共栄書房）。「神・幽・現」は、「火・水・土」と

相似です。

「太極から八卦へ」は三角形。太極（創造神）から2（両儀）——4（四象）——8（八卦）と四方八方の数で、底辺正方形を表し、ピラミッドの四角錐がイメージされます。

ピラミッドパワー（「陽」）は、四角錐の頂上（太極）から出ています。ピラミッドは「神界・幽界・現界」（「太極から八卦まで」）と相似です。

ピラミッドの光神

ピラミッドは「日来神宮」の意。ヒラとは太陽神＝天照日大神《アマテルヒオオカミ》（天神第七代）がお降りになる、ことを指し、ミッドとは神堂《ミドウ》、すなわち神の住まい給うところを意味する（山根キク女史）——です。

エジプトのピラミッドはピラ（日来）ですから、〝日本から来た神堂〟とも読めます。

天神第七代天照日大神の天降られた所が「日本になぜシュメール・セム系のペトログラフがあるのか」の吉田信啓先生の仮説提示（後述）の根拠地となった飛騨高山（岐阜県高山市）の位山の〝天の岩戸〟です。天照日大神の御子が皇統第一代のスメラミコト、天日豊本葦牙気皇主身光大神《アメヒノモトアシカビキミヌシミヒカリオオカミ》です。現人神《あらひとがみ》の誕生です。

気づかれたでしょうか。「記・紀」では、皇統第二十二代天照大神を、ご先祖神である天神第七代の天照日大神にくっつけて、神の創造を神話化し、皇統は神武天皇から始まっています。

真の〝天の岩戸開き〟は、陽神の天照日大神のお出ましがなくてはならなかったわけです。神がピラミッドをお造りになった意味もここにあったと拝察されます。

一九六六年、カリフォルニア大学がピラミッドの秘密の部屋を調査するため、宇宙線をあてて何回となく実験を繰り返したところ、毎回コンピュータに現れる宇宙線の軌跡に違う結果が出ました（『ピラミッドの謎』吉村作治・著、講談社現代新書）。

このことは、同一人物が何十回とレントゲンを撮った時、毎回異なった骨格が写ることと同じで、現在の科学では説明できないことです。「ピラミッドには電子機械を完全に狂わせてしまう、未知のパワーが存在する。それは現代の科学では説明できない、超現実的なエネルギー、四次元パワーが存在するという以外、説明できない」と調査団はメッセージを残したということです。

神向き信心こそが信仰の本然の相《すがた》で、超古神代の姿だったのです。ところが神から勝手に切り断って、物質の進化で生命誕生、最後は猿から人間になった。さらに米国のバイオ企業では、「DNAをつないで遺伝子をつくり、生命を人工合成できる」と言っているほどですから、人面獣人・スフィンクス充ち溢れる世となっています。

神心では、人間界に皮肉なる好対照のシンボルとして、その予告を示されていたのですが、シンボルとして見物致させてもサトレぬほど哀れとなっている人の世に猛省を促しておられます。

五色人の創造と分布

立春が正月元旦の九気暦ですが、数象五・十の「五」「八」「二二」が艮線上に並ぶ定位盤（中央「五」）に方位と色のコトバを入れてみました（地図とは北が逆）。

驚いたことに、黄、赤、白、青、黒と五色人の色が出ています。しかも、黄――中央、赤――南、白――西、青――東、黒――北は、太古、スメラミコトのご即位式に、世界に散った五色人の王たちが、従者を連れて参列していた時の色別の位置を示しているのです。

五色人の創造と分布は、暦のコトバとも一体であり、ご経綸の一環であることがわかります。

「五」「八」「二二」は数象がゴッド（五・十）で同じだけでなく、色も黄色。黄が斜めに三つ並ぶ黄線は、艮線（鬼門・裏鬼門）と重なります。

黄線は気線（九気盤は九星盤ともいう）。鬼門――貴門ですから、黄線は黄（気）門――貴門。ゴッド・ラインといえます。また、「五」「八」「二」の九気盤は、斜め、タテ、ヨコの計がそれぞれ十五。これまた五と十のゴッドづくしとなっています。

このようになっていますから、「二」の西南の裏鬼門に当たるイスラエル地方に、旧約聖書を共通聖典とするユダヤ教、キリスト教、イスラム教の一神教が起こったのも、ご経綸の一環と拝察致します。

「五」「八」「二」のほか、他の数字も「一」「七」「四」、「三」「六」「九」の二組に分けられて、

青（東南）	赤（南）	黄（西南）
青（東）	黄（中央）	白（西）
黄（東北）	黒（北）	白（西北）

九気定位盤で

四	九	二
三	五	七
八	一	六

九気定位盤

七	三	五
六	八	一
二	四	九

平成四年の九気盤

三	八	一	八	四	六	一	六	八
二	四	六	七	九	二	九	二	四
七	九	五	三	五	一	五	七	三
二	七	九	四	九	二	六	二	四
一	三	五	三	五	七	五	七	九
六	八	四	八	一	六	一	三	八
七	三	五	九	五	七	五	一	三
六	八	一	八	一	三	四	六	八
二	四	九	四	六	二	九	二	七

九星便利図面

東北から西南にかけて並びます。ただし計十五にはなりません。この斜めの線は因縁線といい、「五」「八」「二」、「一」「七」「四」、「三」「六」「九」はそれぞれ因縁同士となるわけです（『ふしぎな記録』第三巻、浅見宗平・著、自由宗教一神会出版部）。

九星便利図面で見ると、三組の因縁同士の数字は、それぞれ中央にきたとき、各組の三つの数字が東北から西南にかけて同線に並んでいることがわかります。「五」「八」「二」は因縁でつながっていました。

また、因縁線で結ばれる「五」「八」「二」、「一」「七」「四」、「三」「六」「九」の三組はそれぞれ十二支とつながります。

亥寅巳申　二五八　二黒土星　五黄土星　八白土星
子卯午酉　一七四　一白水星　七赤金星　四緑木星
丑辰未戌　三六九　三碧木星　六白金星　九紫火星

※亥寅巳申の年の人は、二黒、五黄、八白の星にしかなれないわけです。

この九星、十二支に五色を加え、三大因縁といいます。世界中の六十億の人は、三大因縁で出来ていることになります。

浅見宗平先生は言われます。

「九星、十二支は、神様がつくられた神理、神学です。神様は五黄殺、暗剣殺、表鬼門、裏鬼門、大安、仏滅（の日）などはつくっておられません。そのようなことを信じている人は、悪いことがあっても、悪くなっても神様のせいにしてはいけません。神様がつくられたのではないことをしている人は、神様に見捨てられても仕方ありません」。

「艮《うしと》」（東北）の方角は〝鬼門〟と呼ばれ、古来から百鬼出入の門として恐れられてきました。「艮」の金神といえば、陰陽道では、悪の祟り神を意味します。艮《うしとら》の金神こと正（陽）神の国常立大神のご神勅「万古末代続く神国の世に致すぞよ。神の申したことは、一分一厘違わんぞよ」のおコトバ通り、「五」「八」「二」の因縁線は気門――起門――貴門で、神人合一（一体化のこと）、自然・人一体（自然の法則と人間一体化）のミロク「火・水・土」の神の創造だったのです。

平成四年の九気暦の八白（艮）の年は、現界の〝天の岩戸〟・ス座建立（昭和五十九年）から「八」年のヒラクの「八」が中央・創造神の「五」の位置にきて、「艮」（「八」）が〝貴門〟（五・天・ア・神・ヒ）に入っています。「八」（艮・細胞・山）の定位には「二」（二黒・坤・地・「土」と一体の生殖細胞）、「二」の定位には「五」が入っています。

※創造神「ス」の「五」と一体でつくられています。

ス神のムスビの力は無限力ですから、宇宙創成と受精卵の発生は相似です。ともに「火・水」・「陽・陰」のムスビでつくられているからです。このため『赤血球先天八卦図』の〝先〟（奥）に「火・水」・「陽・陰」のムスビによる宇宙創成の「火・水・土」があり、「土」の受精卵と「火・水・土」の土が重なります。

「五」「八」「二」の因縁線の数象はともに五と十で、「五」「八」「二」は計十五の数象通り五と十のゴッド。初発の神勅から「八」の世は百年の五十＋五十、十（神）×十（神）。「一」「七」「四」は十二のメシア（三四五）、「三」「六」「九」は十八のミロク（五六七）の聖数となっています。これは、「ヒフミ」（一二三）、メシア（三四五）、ミロク（五六七）、神性化（八～十）となっていたように、同様にメシア・ミロクと進んでゴッド——神の創造、ご経綸、一神教の元が明らかになることをお示しになっているのでしょう。

先天八卦図に方位をつけた「伏羲の八卦の方位図」から移行したのが九気・後天定位盤。

その先天八卦図と赤血球の創造がドッキングしたのが『赤血球先天八卦図』で、神意の乗った言霊と一体となっていますから、ご神勅通りになっていたわけです。

ミロク（「五・六・七」）の前のメシア（「三・四・五」）は、メシア（救世主）がおられること、メシアの「三・四・五」はミヨイヅ（御代出づ）・ミノリノヨイヅ（実りのミロクの世出づ）ですから、天意の転換（神界の〝天の岩戸開き〟昭和三十七年）があったことをお示しになっています。「神界・幽界・現界」とミロクになっていますから、神のご経綸、神界の出来事は現界へ写（移）され、種々のコトバとなって現れます。

ミロクの世の到来を告げられた〝初発の神勅〟からきっちり百年（「五」「八」「二」の数象通り五・十）の平成四年は「八白・艮」の年（立春から）。この年、赤血球先天八卦図と「アイウエオ」がドッキング。

艮の金神、「八白・艮」の年も「艮」が符合、赤血球先天八卦図でも「艮」は細胞。八白の

「八」は現界の〝天の岩戸開き〟のヒラク——ヒラ（ア）ク——細胞の赤血球の「ヒ」ラセンアク。また「八」はタテのヤで、神・人、自然・人一体、「ヒフミ」の「ヤ」。「艮」の象意は終わりで始め（分かれ目、境界）で、古いものが終焉して新しいものが始まる。革命——天命があらたまる（革）ですからピッタリ。

平成四年（八白・艮）は、ミロク文明への転換年となります。

「八」という数霊には、〝末広がりに発展する働き〟があります。「八」で開いて弥栄え、「8」で結んで無限大（∞）の正法実践を展開していかねばならない時が来たのです。

艮はトドメの意もあり、〝初発の神勅〟に「トドメに〝艮の金神〟が現れて世の立て替えを致すぞよ」となっています。

私が〝艮の金神〟は国常立大神と知ったのがミロク文明転換年の平成四年（八白・艮）の九気暦の正月元旦・立春（節分の翌日）だったのも不思議です。

〝貴門〟をきっかけに「アイウエオ」・暦などに取り組んだ結果、同年「アイウエオ」と『赤血球先天八卦図』がドッキングした「八」の世を迎えることになりました。

貴門—気門で、赤血球産生の「火・水」・「陽・陰」の気門が開かれる（起門）「五」「八」「二」の艮線（丑寅・東北）であったわけです。

私の生まれは昭和四年の「八白・艮」の年ですから、平成四年の「四」とも一致しています。

植物の腸である根。艮はモト（元・本）の意もあり、枝葉でなく根本。その腸と根（胎盤・へそ）の造血がなかったわけです。

易、九気（星）暦、コトバ（言霊）などは既成カガクにとっては無縁な、むしろ〝迷信〟とされてきたものです。

生命・自然・コトバ（言霊）は一体で、ミロクの大原理が綾なすタテが貫くコト・モノの世界、神によって創造された、いまなお常に神のみ力が至善に働く大芸術品です。

〝貴門〟がわかる前に、前記で示した、「ラ」開きの実質的なきっかけとなったガンが生じるエイズウイルス（RNA遺伝子）が生きるために持っている、遺伝子DNA発現のセントラルドグマ（DNA→RNA→タンパク質）に逆らう「逆転写酵素」が、実は無核の赤血球のRNA・DNA・細胞化をはっきり示す逆転写ならぬ「転写酵素」（RNA→DNA）であることの発見がありました。

正神・国常立大神の〝初発の神勅〟が、ミロク文明転換年の「八の世」（八白・艮）の立春前日の節分だったことは、〝天の岩戸開き〟の神の創造とともに大変なことを教えられていたのです。

国常立大神がご引退の時、副神の天若彦《あまわかひこ》の神は、事もあろうに煎り豆を投げつけ、「二度と岩戸から出て来ぬように」と呪術をかけたわけです。煎り豆には花が咲かないことから、「永遠に出てくるな」という意味です。

この名残りが、今日節分の日の豆まきの行事として「鬼は外、福は内」と言って〝艮の金神〟を追い出す祭りとして残されております。

また、ご引退なさった国常立大神のお残しになられた竜体を切り刻みましたのが、お雑煮や節分の夜に、魔除けとしてイワシの頭にヒイラギの枝を刺したりして門口に挿す風習として残されておるわけです。

このように人類高祖の犯しました天津罪の淵源は、この事件から発しておるのです。

正神の方へ注連縄《しめなわ》（七五三縄）を張ったりしているのも同様です。

※注連縄は、神前または神事の場に不浄なものの侵入を禁ずる印として張る縄。一般には、新年に門戸に、また神棚に張る。（『広辞苑』より）――となっています。

はじめに神の創造があった、「ヒ」（「アイウエオ」）があった。そして五色の民に分かれた――を、竹内文書で見てみましょう。

次に掲げるのは、上古皇統第二代ツクリヌシキヨロズオミヒカリガミスメラミコトが、十六人の御子（皇女含む）を選んで、時の世界、十六カ国に国王として派遣された系図です。この天皇の御時に初めて五色人が生まれました。十六カ国（四方八方十六方）派遣が十六菊の御紋の起こりです。

系図はカタカナ（神代文字）で書かれていたのに、漢字（神字です）が当てはめられたもの。

だれでも系図を一読すれば、「世界は元一つ」が了解できるのではないでしょうか。

系図のなかに、現在の国名、地名などのもととなったと思われる名前が多く見られます。

メソポタミア、ユダヤは第四系統でしょう。旧約聖書「創世記」で、人類の祖といわれるアダム、イブも出ています。ちなみに、一週に一度の休養日と定められた源となっている、「創造神が七日の間に天地をはじめ日月星辰、海陸の生物までつくり、最後に人間を創り終わってから七日目に休んだ」も、天神七代の創造と数「七」が符合しています。「七」は、成（ナ）る——です。

また、「神は、人（アダム）を深く眠らせ、眠った時に、そのあばら骨の一つを取って、その所を肉でふさがれた。主なる神は、人から取ったあばら骨でひとりの女を造り……」と、男性アダムの一部から最初の女性イブが創られていますが、「ヒ」（陽）が〝先〟ですから〝相似〟です。

(一)

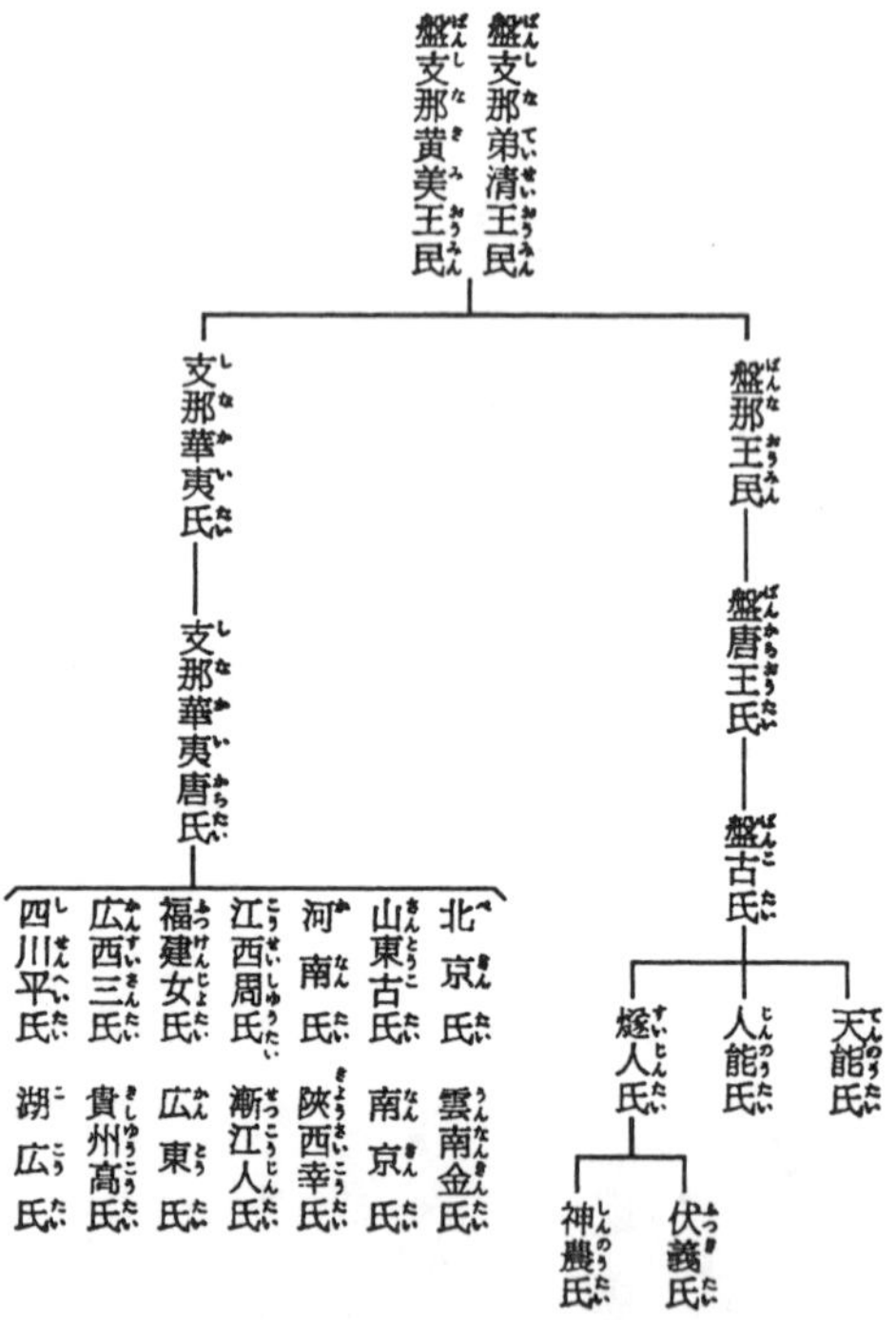

盤支那弟清王民《ばんしなていせいおうみん》
盤支那黄美王民《ばんしなきみおうみん》
盤那王民《ばんなおうみん》
盤唐王氏《ばんからおうたい》
盤古氏《ばんこたい》
天能氏《てんのうたい》
人能氏《じんのうたい》
燧人氏《すいじんたい》
伏羲氏《ふつぎたい》
神農氏《しんのうたい》
支那華夷氏《しなかいたい》
支那華夷唐氏《しなかいからたい》
北京氏《ぺきんたい》
雲南金氏《うんなんきんたい》
山東古氏《さんとうこたい》
南京氏《なんきんたい》
河南氏《かなんたい》
陝西幸氏《きょうさいこうたい》
江西周氏《こうせいしゅうたい》
浙江人氏《せっこうじんたい》
福建女氏《ふっけんじょたい》
広東氏《かんとうたい》
広西三氏《かんすいさんたい》
貴州高氏《きしゅうこうたい》
四川平氏《しせんへいたい》
湖広氏《ここうたい》

(二)

支国《えだくに》インダウ天竺万山黒人民王《てんじくまんざんこくじんみんおう》――天竺西域迦尊《てんじくせいいきかそん》――天竺摩《てんじくま》竺迦尊《じくかそん》――天竺摩迦尊《てんじくまかそん》

- 東天竺気尊者《ひがしてんじくきそんじゃ》
- 南天竺万尊者《みなみてんじくまんそんじゃ》
- 中天竺迦尊者《なかてんじくかそんじゃ》
  - インドウマシタレ尊者《そんじゃ》
  - ハルマス王尊者《おうそんじゃ》
  - 唐羅《からら》工《え》尊者《そんじゃ》―…数百代《すうひゃくだい》の裔《えい》、釈迦如来天空坊《しゃかにょらいてんくうぼう》
- 西天竺男尊者《にしてんじくおそんじゃ》
- 北天竺女尊者《きたてんじくめそんじゃ》

(三)

インドチユウラニア黒人民王《こくじんみんおう》

- ハウライムタイ黒人尊者《こくじんそんじゃ》――タイプ氏《たい》
- アダム・イブイン民王《みんおう》
  - モハモセス王《おう》
  - クインスランド王氏《おうたい》
- アベルハウラメ民王《みんおう》
  - クインレス氏《たい》
  - クンプリッジ氏《たい》

モオゼロミラス王《おう》――イエスキリス王《おう》

(四) ヲイロパアダムイブヒ赤人女祖《せきじんめそ》
　├ アフガカブ氏《たい》
　├ アダムイブ民王《みんおう》──キリスト
　└ ペルシヤケルマン氏《たい》

(五) ヲストラリニ日ニニシユイタム赤人祖氏《せきじんそたい》──略《りやく》

(六) ヲストリオセアランド赤人民王《せきじんみんおう》──略《りやく》

(七) アシャシャムパンコクムス白人祖民王《はくじんそみんおう》──略《りやく》

(八) アシアアンナムノハノイ青人民王《あおびとみんおう》──略《りやく》

(九) アフリエジプト赤人民王《あかびとみんおう》──略《りやく》

(十) ヨハネスブルグ青人民王《あおびとみんおう》──略《りやく》

(十一) ヒナタエピロスイソム赤人祖民王《あかびとそみんおう》──略《りやく》

(十二) ヒナタエピロスヒアルヘナ黄人祖民王《きびとそみんおう》──略《りやく》

(十三) ヒウケエピロスヒロコネ黄人祖民王《きびとそみんおう》──略《りやく》

(十四) ヒウケエピロスボストン赤人民王《あかびとみんおう》──略《りやく》

(十五) ヒウケエピロスカスケムコ赤人民王《あかびとみんおう》──略《りやく》

(十六) アフリアピシヤムス赤人民王《あかびとみんおう》
　├ コナクリ民王《みんおう》
　├ フリイタウン民王《みんおう》
　├ エジプトカイロ民王《みんおう》
　└ スエズアカバ民王《みんおう》

(『キリストは日本で死んでいる』山根キク・著、たま出版刊より)

ペトログラフとシュメール文字

考古学、文化人類学、言語学など幅広い分野でペトログラフ（先史時代からの岩石に刻まれた文字や文様）が世界的に注目を集めています（『超古代日本語が地球共通語だった！』吉田信啓・著、徳間書店）。

ペトログラフ学は、①ペトログラフが世界的に分布しているのは、超古代世界の共通文字だったからではないか②先史時代から古代にかけての世界の歴史の謎の部分を解明し、狭い部分的な視点からだけで定説化された「歴史」の誤りを修正しようとする——ものです。

同国際学会は日本に注目しています。フランス国立博物館先史時代研究室のスタッフの多くは、「極東日本で生まれた文字がメソポタミアのシュメールに南下し、のちにフェニキア文字となり、それがローマ字に変化してヨーロッパに伝わり、英語やフランス語、ドイツ語に使われるようになったのではないか」と思っています。

古代人という場合の古代の年代は、ペトログラフでは、一般に「先史時代から巨石文化期の末期（日本では弥生時代ごろ）まで」の幅で使われています。

日本のペトログラフは、西日本地域に集中的に見つかっていますが、明らかに西域の文字文化と宗教に密接な関連があると判断されるところから、先史時代のいつの時期かはまだ特定はできないものの、少なくとも古墳時代より数千年前には、それらの文物を携えた部族が到来、それぞれの土地にペトログラフを刻み残したと考えられます（『超古代日本は世界の臍だった』吉田信啓・著、文化評論出版）。

吉田信啓先生は飛騨高山（岐阜県高山市）の霊峰・位山の天の岩戸で確認・発見された日本の古代文字と世界最古の文字とされるシュメール古拙文字の刻まれ方、同地方の伝承、雨乞い行事などから「日本にシュメールやセム系文字があるのは、メソポタミア文明を築いたシュメール人が、紀元前二千年代にアッカド人に追われ、ボートピープルとなって〃まほろば日本〃を目指した」という重要な仮説を提示しておられます。

※西域……中国の西方諸国を中国人が呼んだ汎称。広義にはペルシア・小アジア・シリア・エジプト方面まで含む。

※セム族……ハム族、アリアン族とともに欧州三大種族の一つ。西アジア・アラビアおよびアフリカ東北部に住み、セム語に属する言語を用いる諸族の総称。アラビア人、エチオピア人、ユダヤ人

などを含み、ユダヤ教、キリスト教、回教の起源はすべてこの人種に属する（『広辞苑』岩波書店より）。

私はこの仮説をお借りしたうえで、〃初めに「アイウエオ」（「ヒ」）があった〃の視点から、シュメール人は、意識的、無意識的にせよ、「霊（『ヒ』）の元つ国」日本（日《ひ》の本《もと》）に〃里帰り〃を目指した——と考えたいのです。

シュメール語、古代ケルト語で太陽神（＝日（「ヒ」）の神）はベル神やラー神ですが、ベルは統べる＝「ス」ベルのベルではないでしょうか。ベル——ジングルベル（神来鈴）——鈴——五十鈴川（イスズガワ）。ラーは陽の正神。「ス」→主（シュ）。

またシュメール＝スメル→スメラ（皇）＝天皇で、日本→シュメール（逆の言語学説があるそうですが）です。日本の皇室の菊花十六弁の紋章がヘロデ王家のものから派生したという学説があるのは、これも逆でしょう。

吉田信啓先生の仮説提示のキーとなった文字は、古代文字「ミズ」（水）とシュメール古拙文字の略字体で、「雨を我にと祈る」を意味する文字。

は九鬼文字、天津文字、サンカ文字、豊国文字、上記文字、越文字など、いずれも記紀以前にわが国に存在したとされている古代文献の文字のコードのどれをあてはめても「ミズ」（水）と解読できるものです。後者の文字は、位山天の岩戸の場合、他にない形式で左右対称に、しかも「水」を表す和字のあとに線刻されています。記紀以前とされている古代文字「水」（ミズ）と、そのあとに線刻されたシュメール古拙文字「雨を我にと祈る」の「水」（雨水も水）がつながったことがポイントでしょう。

飛騨の伝承では、「超古代、飛騨王朝が存在し、世界の五色の民を統括支配する高度な精神文化の中心地があった」といいます。飛騨考古学会も「八千年前から三千五百年前にわたっての原日本人が、旧石器時代から独自の文化を築き上げていた。日本列島の各地方の文化圏の土器が飛騨に集中している」と指摘しています。吉田先生はその他、太陽石（鏡岩）など「飛騨高山とメソポタミアの連鎖」の例証を挙げておられます。

人類最古の文字といわれるシュメール文字は、約六千年前に古代メソポタミア、いまのイラン、イラクあたりを流れるチグリス・ユーフラテスの二つの川に囲まれた地域にその文明を誇ったシュメール人の文字です。

シュメール人は、中央アジアのタリム盆地からカスピ海沿岸にかけての地域から、メソポタミアに移ってきたということです。

また、古代エジプト人も「極楽の地」日本を目指したといいます。

エジプトの大ピラミッドを守護するスフィンクスの右眼の方向を、そのまま地球規模で延長すると、まさしく日本の飛騨高山の真上にきます（『世界謎の超文明――超古代文明』斎藤守弘・金森誠也・著、新人物往来社）。

「われわれは世界が一つの宗教とコトバで結ばれていた古代に還る努力を始めなければならない。古代一つ世界を未来の地球で実現することこそ、かけがえのない地球を破滅から救う唯一のミチである」。

これはアメリカ碑文学会長ジョセフ・マーハン博士の言葉です。

数多くの霊体験から『アイウエオ』が霊界の基本語となっている（外国人の霊にも日本語が通じる）ことがわかっています。

これも〝初めに『アイウエオ』があった〟（神界―幽界―現界）を示しているといえるでしょう。

吉田信啓先生によると、今日、アメリカではアメリカインディアン、なかでもズニ族やユーチ族、オジブワ族、ヒヤワセ族などの言語、それにカナダのチッペワ族、クリー族の言語と日本語の因果関係や連鎖を語彙と文法から探ろうとする顕著な方向があるということです。

また、中近東のリビア学の権威とされるトリポリ大学のアリ・クシャイム教授やアミン・タウイッヒ・チビ教授らは、「古代リビア語と日本語のあまりにも多い共通語彙に椅子から転げ落ちるほど驚いた。ぜひともハーバード研究所で合同考査会をしてほしい」としてアメリカ側に働きかけるなど、意外なところで日本語ルーツ探索が始まっているといいます。

世界各地から見つかる「先史時代の文字」のペトログラフの何十万という証拠の前に、従来の古代史観や超古代は野蛮な未開社会とする見方は間違っていたことがはっきりしました。

ジョージア大学名誉教授のジョセフ・マーハン博士が会長を務めるアメリカ文化学会が、平成二年に開いた学会のプログラム概要に寄せたマーハン会長の「新大陸ではなかった！　コロンブス以前のアメリカ」の一文を次に挙げておきます。

「この二十年間、古代の人々が膨大な距離を隔てて交流を行っていたことが次々に証明されることによって、世界の歴史を研究する学者の共通認識となってきた。最も保守的であった著名な学者たちでさえ、もはやインダスの人々がシュメールや地中海のフェニキア人と交易し、あるいはヨーロッパやアフリカ大陸の人々とも交流していた証拠を容認するに至っている。

また、アメリカの学者のなかの先駆者たちは、この世界的広がりの交流・連鎖がアメリカ大陸にまで至っていたことを発見している。
ヨーロッパやアジア、アフリカの人々が大西洋や太平洋を渡り、自由にアメリカ大陸に旅したこと、しかもコロンブスが一四九二年にアメリカに来る前の数千年前に、南北アメリカ大陸を探検し、逗留《とうりゅう》したことは疑うべくもない事実である」

古代に既に知られていた丸い地球――大英博物館に所蔵されている古代中国の文献『山海経』によれば、紀元前二二五〇年の中国人は今日とほぼ同じ配置の世界地図を知っていて、もちろん地球が丸いことも熟知していました。
その地図によると、ロサンゼルスの位置、ベーリング海峡やニュージーランド、メラネシア諸島まで刻明に描かれ、日本の富士山まで知られています。コロンブスのアメリカ大陸行き（発見）に、直接的あるいは間接的に役立っていたのではないでしょうか。

五色人の発生を伝えるものとして、日本の由緒ある古い神社で祭りのときに用いる五色旗があります。また宮中における天皇即位の儀式にも、中央が黄色で左右に赤、青、白、紫（黒）の配色になる幕が用いられます。鯉のぼりも五色人のいわれを伝えるものといわれます。また、阿蘇山の麓にある熊本県阿蘇郡蘇陽町（現・上益城郡山都町）の幣立宮《へいたてぐう》は、五色人を表す五種類の木の仮面が祀られていて、超古代史ファンならだれでも知っている興味満点の神社です。吉田信啓先生は、平成四年八月同宮を訪れ、不思議な発見を体験されています。

日本人は人間の肌の色を、黄・白・黒の三種類くらいにしか感じていないようですが、人類は五色人があるというのは、世界的にポピュラーな考え方らしく、外国人にはそれほど抵抗がないようです。

山根キク女史もかつて、東海道線の車中で知り合った英国人に五色人について聞いたところ、「自分は赤色系。欧米人はどんな階級のものでも、世界に五色人があり、自分がそのどれかに属していることも知っている」と答えられたということです。

五色人の「五」は「火・水・土」（「五・六・七」）の「火」（「ヒ」）。また、天、「ア」。「アイウエオ」の四十八音、四十八《ヨトヤ》の神から生まれた五色人です。

オリンピックも五輪。輪→和→「ワ」で神・人一体

真の〝天の岩戸開き〟によって『赤血球先天八卦図』が啓示されましたが、世界的にみてペトロ

グラフの発見・研究も、ご経綸の進展に伴って四十数年前ぐらいから始まっています。

特にペトログラフの取り組みに遅れていた日本が、わずか数年のうちに四百個近いペトログラフ岩を西日本十県の山野から発見したことは驚異とされています。

吉田信啓先生らのご努力に対して、神は既成科学を超える〃不思議〃をお見せになっておられます。

「飛騨高山とメソポタミアの連鎖」の仮説提示のキーとなった古代和字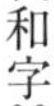とシュメール古拙文字の確認・発見は平成四年。それは『赤血球先天八卦図』と「アイウエオ」がドッキングした年です。

吉田信啓先生は言われます。

「人がペトログラフや磐座、環状列石を見つけるのではなく、古代からの祈りをこめられた岩が人々を発見に導くのである」と――。

神の創造は明らかなうえ、ここまで証拠がそろえば、吉田信啓先生が「日本になぜシュメール・セム系のペトログラフがあるのか」の仮説提示の根拠地となった飛騨高山（岐阜県高山市）の位山の〃天の岩戸〃に視点が集まります。

吉田先生によると、ペトログラフ関係の学会の底流には、必ず先史時代はシュメール民族の世界的展開があったことを確認するという暗黙の学説が流れており、古代世界はシュメール民族とその文明、宗教が主流で、それらがアッカド民族に追われて崩壊し、シュメールの民と文化は世界に散ったという共通認識になっていることからして、吉田先生の仮説提示は重要かつ重大です。

位山の天の岩戸を基点に超古代、シュメール人の世界展開の前に五色の民が世界に散ったと考えられるからです。世界最初の文字文化を築いたといわれるメソポタミア文明の核となる文字と宗教（太陽神ベル、ラー）が、凝縮したかたちで表れているのが位山の〝天の岩戸〟です。

天の岩戸の「ヒ」（「日」）の神のもとに線刻されているのは、古代和字水（ミズ）と世界最古の文字といわれるシュメール古拙文字の「雨を我にと祈る」（雨も〝水〟）でした。「ヒ―ミ」（「ヒ」が〝先〟）で、「火・水」「陽・陰」「日（太陽）・月」と相似です。しかも、シュメール古拙文字は他にはない形式で、左右対称に古代和字のあとに書かれています。

シュメールはスメル（バビロニア名）→スメラミコト（天皇）、また、スメル――スベル（統べる）――「ス」ベルで、創造神「ス」のあとに太陽神のベル、ラーは「陽」のラセン。ベル→鈴。

またメソポタミア文明のメソポは女祖炎（「火」）でしょう。女は「陰」。祖炎（祖火）――祖日（「ヒ」）で日本。ちなみにソビエトは祖「ヒ」枝人でしょう。

これらから、シュメールの民は「ヒ」（「日」「火」「陽」「霊」）の元つ国（「アイウエオ」）に〝里帰り〟を目指したことがわかります。

ヘロデ王家の菊花十六弁の紋章は、日本のスメラミコトの紋章から派生したものです。

✡はユダヤ王族ダビデの章。ダビデの星、ユダヤのマークといわれ、ユダヤ民族のシンボルで、イスラエル国旗に描かれています。

神代文字の一種「ア」✡と同じですが、神代文字の方が先に出来たものでしょう。

ユダヤ教では「旧約聖書に記されたダビデ王がやがて現れる」と説いていますが、「ス」の創造

［イスラエル］

［韓　国］

イスラエル国旗（上）と韓国旗（中）と中国の太極図。ちなみに、韓国の旗は太極旗ともいい、『赤血球先天八卦図』と相似

神⦿が天の岩戸をヒラカれて✡→✡となる（カゴメ　カゴメ　カゴのなかの鳥がお出ましになる）ことを予言しているのではないでしょうか。モーシェ（モーゼ）の紋も✡です。（ちなみに、キリスト教では新約聖書に基づき、メシア再臨を説いています。）

ユダヤはエダヤ――枝「ヤ」。「ヤ」はヤマト（日本）、山の「ヤ」。「ヤ」＝イア、ともに母音で、神意あらわれる自然力の「タテ」（「陽」）。枝「ヤ」――枝「陽」で、女祖炎（メソポタミア）と相似。ユダヤは日本の〝分家〟。ダビデの星の別名、六光星でいえば、「六」は「五・六・七」（「火・水・土」）の「六」で「水」（「陰」）。

鬼門（東北）――裏鬼門（西南）、「艮《うしとら》」（山）――「坤《ひつじさる》」（地）でも、世界の東北・日本に対して、西南はイスラエル地方。

また、『赤血球先天八卦図』では、「艮」――細胞、「坤」――生殖細胞。九気暦でも「艮」――「八」、「坤」――「二」で、数象はともに五と十。

日本とイスラエルは関係が深いといえます。

中国人のご祖先も日本から分かれていかれました。シナ（支那）は決して差別ではありません。

ユダヤとは、さらに、次のような関係の深い事実があります。

ユダヤ人からイスラエル王国の建国の父と崇められているダビデ大王のシンボルである六光星、カゴメ紋✡が、伊勢神宮の参道にある百個近い石灯籠のすべてに、皇室のシンボルである菊の御紋とともに彫られています。また、紀元前三七年にユダヤの王となったヘロデ大王の紋も同じ灯籠に彫られています。

これら二つの紋はなぜ彫られたのでしょうか。わかっているのは、彫られたのは戦後のことであること、彫ることを命じられた人も、上からの指示に従っただけで、その理由については聞かされていなかったといいます。

カゴメ紋は伊勢神宮の奥宮の正式な紋であるとのことです。

第四章
ジングルベル（神来電鈴）は鳴りわたる

創造神

主《ス》神神殿建立（五十九年）による〝天の岩戸開き〟から「八」（赤血球の「ラ」開き、八年）——「九」（神成り、十七年）——「十」（ミロク神開く、十八年）。平成十六年の九気暦は「五」の年。一——九の中心で、創造神の「ス」。二月四日（立春）も同暦の「五」の日。卍（「ミ」「右先・左後」）の代から卍（「ヒ」「左先・右後」）の代へ（右向け右から左向け左へ）。

創造神（「ス」）によるマコトの〝天の岩戸開き〟（「二」から「三」への「天意の転換」）、「ヒ」の神・「陽」（正）神の天神第六代国万造主大神、同七代天照日大神、〝艮《うしとら》の金神〟の国常立大神のお出ましで、「火・水」・「陽・陰」の産霊による「無」↓「有」の神の創造の象（型）示しである『赤血球先天八卦図』が啓示され、「アイウエオ」・「ヒフミ」、九気暦とドッキング、「ス」の大御神はじめ三大神とも「コト・モノ」的（タテの現象化）に言霊で密接に結ばれました。

天祖、皇祖、人祖は元一つです。日本（ヒノモト）は霊《ヒ》の《ノ》元《モト》つ国です。

陽神は卐です。卐は、「タテ・ヨコ」（「陽・陰」、「火・水」、「◎・◎」）が十字にムスンで左回転（神ですから向かって右がヒダリで「ヒ」が垂れています）となっていて、『赤血球先天八卦図』で「陽・陰」が「陽」を主軸に左回転（「ヒ」が〝先〟）していることと相似です。

陽の気は霊で、霊は「ヒ」「チ」ですから、陽霊の物質（細胞）化が血。このことから、「ス」の創造神の神界での「天意の転換」（〝天の岩戸開き〟）、出来事が現界《うつしよ》に移（写）って、生命科学最大の謎を解く、神の創造を表す『赤血球先天八卦図』が啓示されたといえます。

〝神はコトバなり〟（言霊には、神のみ意が乗っています）で、「ヒ」（「ア」「チ」）でつながっています。

「ヒ」が〝先〟の「ヒ」は、ヒ、日、火、陽（ラ）、◎、左、霊、ア、神、天、五、八（ヒラク）、艮（鬼門——貴門——陽の気門）、十（神）。

▽「ス」・創造神　かごめの唄〝あしたの晩に　チャラチャラ出やる〟

あしたの晩—朝（アサ——アスア）の黎明

アスア——天《アマ》の岩戸を「ス」（創造神）が開《ア》けられる

チャラチャラ

チ——血・霊　ヤ——八・「タテ」　ラ——「陽」

▽国万造主大神　万生・万物のヒナガタ（霊成型）を創られる。

赤血球産生、母胎内の受精卵の形態形成「カタ——コト——モノ」（「アイウエオ」）は、『赤血球先天八卦図』のミロクの「火・水・土」（「赤血球・白血球・生殖細胞」）、「ヒフミ」の「五・六・七」。

ミロクの「火・水・土」の大原理で神開くの「八」へ。「五・六・七」を足すと十八で、神（十）ヒラク（八）となっています。「ヒフミ」、「アイウエオ」のご経綸通り、平成四年から「ヒフミ」の「八」、「アイウエオ」の「ラ」の世へ入りました。

▽天照日大神　ピラミッドの大神で、飛騨高山（岐阜県高山市）の位山の〝天の岩戸〟に天降られる。

位山は日本のピラミッドネットワークの艮線上に位置する。天照日大神の御子が初代スメラミコト——二代スメラミコトの時五色人の発生・分布へ　（定位の九気暦に五色人のスメラミコト即位式配置図）。鬼門（貴門）の艮（東北）と反対の裏鬼門（西南）のイスラエル地方に一神教誕生。

▽国常立大神　〝艮の金神〟で、〝初発の神勅〟をおろされる。皇統第十四代スメラミコト。

艮《うしとら》（東北）の鬼門は貴門です。貴門―気門―起門となって、陽の気門（「ヒ」ラセン）アク「八」へ。

神開きの平成四年は、「八白・艮」（九気暦）の年（立春から）。〝初発の神勅〟から百年で、ゴッド（五十）＋ゴッド（五十）・神（十）×神（十）。『赤血球先天八卦図』では「艮・細胞・山」（艮→気門となって物質化が細胞。山はタテ）。

ちなみに私（福島）の生まれは「八白・艮」の昭和四年。※平成と昭和が異なるだけで一致。

〝初発の神勅〟に、「トドメに艮の金神が現れて世の立て替えを致すぞよ」とあります。艮はトドメの意あり。メシアのおコトバによると、国万造主大神のご神魂が第四次元に変化されてご出現あそばされたのが、国常立大神であらせられるということです。

万象のヒナガタを創られた国万造主大神の「カタ――コト――モノ」（「火・水・土」）と、ミロク文明の到来を宣言された国常立大神の〝初発の神勅〟が神開きの平成四年に言霊的につながっています。

『赤血球先天八卦図』の「艮・細胞・山」は、日本は神が万象の霊成型を創られた元（基）地であることが示されています。

「艮」は東北、元（本）の意があり、「細胞」の元は霊成型、「山」は神のタテ（ヤ）の真（マ）ん中ですから、世界の東北・日本（ヒノモト）――霊の元《ヒノモト》つ国。

無限力である卐と卍

針金で卐、卍を作っての臨床実験があります（『左回り健康法則』亀田修・著、ＫＫベストセラーズ）。

卐をおヘソの上に置くと左足のふくらはぎの筋肉が固くなり、凝りが見られた。しかも色を黒にするとさらに悪い影響があった。反対の卍を使ってみると、この凝りが消え、リラックス状態になった。また、ゼンソクの患者に対して試みたところさらに明らかになった。卐を置くとセキが激しく苦しくなった。卍に替えるとセキは止まり、呼吸も楽になった。

以上の実験で、常識的には卍が左回転、卐を右回転とするでしょう。ところがそうではないのです。「気」のところで佐々木茂美先生が言っておられたように、人間にコントロールを許されているのは陰の気だけです。よって卐の場合、筋肉が固くなったり、セキが激しく苦しくなったりしたことは、「使ってはならない」という神のトガメ、警告と解釈すべきです。物主の世界観では絶対考えられないことです。

陽（正）神卐に対して陰（副）神は卍です。陽神卐と反対に、向かって左の右が垂れていますから、「陰」（卐）を主軸に右回転しています。このため、卐の「左〝先〟・右〝後〟」に対して、卍は「右〝先〟・左〝後〟」となります。これは、既成理論の「ヨコ」（「水」）だけの細胞分裂一辺倒の「細胞・ＲＮＡ（右ラセン）から」の骨髄造血〝肉が血となる〟と相似です。若々しい「前細胞」の赤血球（「火」）はＤＮＡ（「水」）がなくなった老化細胞となってしまいます。

「水」〝先〟・「火」〝後〟→「ミ」〝先〟・「ヒ」〝後〟→「右〝先〟・左〝後〟」。陰神・卍の政権であった物主の「二」の世では陽神・卐と相似な〝血となり肉となる、生殖細胞にもなる〟（「火・水・土」）の千島理論は隠されていましたが、陽神への政権交代でいよいよ日の目を見る時が来ました。千島理論は逆分化もありますから、既成理論の〝肉が血となる〟の骨髄造血を包含した形になっています。

卐、卍は「スワスチカ」、「まんじともえ」といわれていますが、メシアがいただかれたご神示では、「スワスチカは主《ス》の輪を描く力のことなり」で、卐・卍の両方の力がまんじともえになった無限力であるとお示しになっています。すなわち受精卵の発生（「無」→「有」）は無限力なのです。

　赤血球に関係するご神示では、「大元の法の一つを語ろう。いわゆる学問のみでは人知の限界を越えることはできない。それまでに天地かえらく（天変地異）もあるぞ。人知のガの濁りを取ったならば、神開きのラが開くよ」という意味のおコトバがあり、『赤血球先天八卦図』と「アイウエオ」、「ヒフミ」、九気暦のドッキングをご啓示なさっていたと拝察致します。

※「ガとは、ヨコだけの人知（物知）で、ヘソの神秘を認めない」ことと覚えておいて下さい。後で詳述します。

　また、「マコト科学（神学）を知ろうとするなら、ヘソと『つち』の神秘を求めて精進しなさい」という意味のおコトバがあり、ご神示に従って懸命に努めましたところ、次々にお導きいただき、まさに奇跡の連続でした。

　ご神示によると、創造神は天地《あまつち》創りの初めに、火の神（霊）・水の神（霊）を創られたあと、陽・陰の神をお生みになっています。このことがわからないでは、神々のことも、宇宙の仕組みも、人類の幸せの源も、歴史も永久に謎に包まれてしまう——という意味のおコトバがあります。

三つのご神示をあわせて考えますと、『赤血球先天八卦図・「アイウエオ」・「ヒフミ」・九気暦』は、「火・水」・「陽・陰」の産霊による「無」→「有」の神の創造の象（型）示しで、大元の法《ノリ》の一つと拝察されますから、創造神から啓示された、二十一世紀の人類の行くべきミチである「神・人合一」・「自然・人一体」の文明原理といえます。

宇宙創成と〝生命発生〟の原点に還ってつくられる「火・水」の産霊による受精卵の発生（「陽・陰」の産霊）の要となるヘソ（胎盤）と土《ツチ》《つち》の神秘を智って「ラ」をヒラキ、物主の進化論をひっくり返すことが第一です。

「人知の限界を超えないと、天地かえらく（天変地異）もあるぞ」のおコトバを真剣に受けとめましょう。

「火・水」・「陽・陰」の産霊の力は「無」→「有」の無限力ですから、宇宙創成と受精卵の発生は相似の「火・水・土」の産土力となります。このため、「火・水」の産霊でつくられる受精卵は霊成型（霊体）が土の気（霊）で醸され、「陽・陰」の産霊で「火・水・土」となる赤血球をつくる力がつきます。特に、ホ乳類の受精卵の発生は、左型アミノ酸・タンパク質の赤血球の中に右型DNAが生じ、「左〝先〟・右〝後〟」の『生命科学最大の謎』を解く、「無」→「有」の神の創造の象（型）示しがあらわれます。

その発生の要となるのがヘソ（胎盤）であり、ヘソが土《ツチ》と一体の植物のネ力を取り込んだ〝体外器官〟の土《つち》であることを智って下さい。

千島理論によるホ乳類の発生（「火・水・土」）と易のコトバがドッキングしたのが『赤血球先天八卦図』です。メシアは、「天意転換の昭和三十七年一月をもって世界は日本を中心に熱くなる」と発表、火の洗礼期の到来を世界に先駆けて宣言されていました。

神の創造とご経綸は言霊と一体です。神は自然・生命を破壊する、言いかえれば万生弥栄えのミロク「火・水・土」（「五・六・七」）の法《ノリ》（置き手・掟・法則）を犯す想念・行為には、いろいろなコトバ（型示しの物象化）で人類に改心いや「霊（魂）・心・体」で「霊主・心従・体属」ですから、改魂をうながされます。だれもが、異常な気象、災害、事故、事件などが多くなっていることに気がつかれているはずです。

神のコトバの〝カタ（象・型）示し〟に早く気づいて、謙虚なイノリ（神の意《イ》、すなわちみ心に乗《ノ》り《リ》合わせる＝神・人一体）のヒトとなって下さい。

天地至善の仕組みに生かされる神と人類

次の噴火と大地震の数字を見て下さい。偶然の一致と片付けられるでしょうか。

▽サンフランシスコ地震　一九八九年十月十七日
▽雲仙・普賢岳噴火　一九九〇年十一月十七日
▽ロサンゼルス地震　一九九四年一月十七日
▽阪神・淡路島地震　一九九五年一月十七日

ともに十七日で、言霊は十（神）七（鳴る）です。一月は「ヒフミ」の「ヒ」（神）、十月は神、十一月は統一のスベルのス・創造神。〝神の怒り、警鐘乱打〟と謙虚かつ真剣に受けとめるべきではないでしょうか。

雲仙・普賢岳噴火の平成二年（一九九〇年）は、「ラ」開き（神の創造が明らかになる）の実質的なきっかけとなったエイズウイルス（RNA遺伝子）が生きるために持っている、遺伝子DNA発現のセントラルドグマ（DNA→RNA→タンパク質）に逆らう逆転写酵素が、実は赤血球のRNA・DNA・細胞化をはっきり示す逆転写ならぬ転写酵素（RNA→DNA）であることの発見がありました。同酵素は、物主文明からミロク文明への『逆転酵素』といえます。

また、阪神・淡路島地震の平成七年（一九九五年）は、「ラ」開きの初版本の発刊の年です。

言霊でも、平成七年《ヒラナルナル》――「ヒ」（「陽」）ラセン成《ナ》る生《ナ》って鳴《ナ》る――となっています。神戸・淡路島から鳴戸の渦潮の先には四国の剣山があり、このラインは艮線ですから、天照日大神が天降られた飛騨高山（岐阜県高山市）の霊峰位山の〝天の岩戸〟につながっています。

さらに同年は九気暦でも「五」（「ヒ」）が中央にくる定位盤の年。このため数象五・十の因縁同士の「五」・「八」・「二」がゴッド・ラインといえる艮線に並んでいます。「ラ」が開いた平成四年（九気暦の「八白・艮」）も同様並びました。神のカタ（型・象）示しといえるでしょう。

神があって人類があり、天地至善の仕組みに生かされていることに感謝すべきでしょう。それとともに永い間、物主・物欲のため神が創られた生命・自然を汚したことに深くおわびすることが大切です。

ユダヤ教、キリスト教、イスラム教のすべてがこの世界の終末と天地かえらく（天変地異）を伴う神裁きを預言していますが、この世の終末とは、物主文明である「二」の「陰」（◎・「右〝先〟・左〝後〟」・卍）の世の終わりでした。「仏滅」とは、「物滅」だったのです。

「地上の三分の一が焼け」、「天がめりめり剥ぎ取られる時」など、ヨハネの黙示録やコーランでも天地かえらく（天変地異）が預言されていました。

▽ヨハネの黙示録

さて、七つのラッパを持っている七人の天使たちが、ラッパを吹く用意をした。

第一の天使がラッパを吹いた。すると、血のまじった雹《ひょう》と火とが生じ、地上に投げ入れられた。地上の三分の一が焼け、木々の三分の一が焼け、すべての青草も焼けてしまった（第八章第六～七節）。

第二の天使がラッパを吹いた。すると、火で燃えている大きな山のようなものが、海に投げ入れられた。海の三分の一が血に変わり、また、被造物で海に住む生き物の三分の一は死に、船という船の三分の一が壊された（第八章第八～九節）。

▽コーラン

ラッパが吹きならされる時、その時こそ、災難の日（「外衣を纏う者の章」メッカ啓示）。

一声が鳴り渡り、人がその兄弟から逃げる日、おのが母や父や、妻や、息子から逃げる日、その日、おのおのは、各自のことで多忙をきわめる（「眉をひそめたの章」メッカ啓示）。

太陽が暗黒でぐるぐる巻きにされる時、星々が落ちる時、山々が飛び散る時、産み月近い駱駝を見かえる人もなくなる時、野獣ら続々と集い来る時、海洋ふつふつと煮えたぎる時、魂ことごとく組み合わされる時、生き埋めの嬰児が、なんの罪あって殺された、と訊かれる時、帳簿がさっと開かれる時、天がめりめり剥ぎ取られる時、地獄がかっかと焼かれる時、天国がぐっと近づく時、その時こそ、どの魂も己が所業の結末を知る（「つつみ隠すの章」メッカ啓示）。

逆転写酵素を「順転写」と見破った、「ヒ」が〝先〟の「ヒ」ラセンアキ赤血球（千島理論）が、それをきっかけにかくも華やかに「アイウエオ」「ヒフミ」はじめいろいろなコトバ（還元理論のデータを含む）、生命、自然と結びついたことに思いを致して下さい。

既成理論の赤血球が、細胞分裂でＤＮＡが消えた、老化し死滅寸前の細胞であることと比較して下さい。千島理論の逆分化説を使っているカタチですから、逆カガクであり、真如カガクです。

このようになったのも、生命は物質の化学進化で発生、単細胞から多細胞生物へ、細胞分裂、突然変異（生殖細胞）を繰り返しながら、偶然の積み重ねで進化、猿から人間になった（物質↓生命↓精神）――とする、小さな人知でつくられた客観的、科学的という物主の進化論が土台にあるからです。

法滅尽経が説く「私が涅槃に入った後、仏法が滅しようとする時、五逆の罪を犯す者が多く現れ、世が濁り、魔道が起こり盛んになります」の預言通り、ミロクの「五・六・七」（「火・水・土」）でなく、「五」（「火」）が逆の「七《ナ》・六《ム》・五《ア》」の世の中になっています。

進化論は、物質→生命→精神ですから、ミロクの「霊体・幽体・肉体」・「霊（魂）・心・体」の逆。「霊主・心従・体属」が、「体（物）主・心従・霊属」で霊は無きに等しくなっています。これでは五逆・五濁・五乱となり、「五」の霊（「ヒ」・「チ」）が濁り、乱れるため、世が濁り、魔道が盛んになります。今日の異常事件の続発がそれを物語っています。

神の創造を解くキーワード

生命理論も、霊は「ヒ」・「チ」で、生命が「火・水」の産霊による受精卵の「霊体」の「陽・陰」の産霊による血（土）肉化（〝血となり肉となる、生殖細胞にもなる〟の「火・水・土」）であることを知りませんから、血《チ》（「火」）が濁り、生殖細胞系に異常をもたらしている環境ホルモン問題に対しても、〝知らぬが仏〟ではすまされない危機的状況にあることがわかっていません。

「死」は、「霊体・幽体」の肉体からの離脱となります。

『生命科学最大の謎』、神の「無」→「有」の創造を解くキーワードの「左・右」。
※神のみ光の陽の気（霊）・「ラ」（左ラセン◎）の物質化が赤血球（左型アミノ酸・タンパク質）。
「ヒ」〝先〟・「ミ」〝後〟で、赤血球（「火」）の中に右ラセン（◎）のＤＮＡ（「水」）が生じる。

ご神示によると、左はヒタリで、陽《ヒ》・霊《ヒ》より垂れ《タレ》下がるのタテ、右は水気《ミキ》のヨコ。「ラ」の「陽」（左ラセン）に対し、「レ」が「陰」（右ラセン）です。

ともにラ行ですが、「ラ」（ア）がア段の高次元（神界）、「レ」（エ）はエ段の三次元の現界にあり、「タテ・ヨコ」もピッタリ合致。英語ではレフトが左、ライトが右ですから「アイウエオ」とは反対となっています。「アイウエオ」は象神名《カタカナ》ですから、「ラ」は向かって右が左手のある左で、「ラ」は左回転・◎、「レ」は右回転◎の形です。

左は「ヒ」（「火」・霊）の「タテ」、右は「ミ」（「水」・身）の「ヨコ」ですから、原則的に象神《カタカ》名《ナ》の「アイウエオ」、神字の漢字ともタテ書き、英語はヨコ書きです。「アイウエオ」、漢字（神字）と英語で「左・右」が反対になっていることは、科学の「科」、サイエンスの言霊にも表れています。

ご神示によると、「科」はマコト科学の啓示文字です。「火・水」・「陽・陰」の産霊の力がネ力となって天降り（ノ）、土壌微生物と一体の土を創り、種となって木々を生えさせたお仕組み・「禾」が示されています。「斗」は、神力が「神界・幽界・現界」（三）の三界をタテ（左・一）に貫いています。

動物の腸造血は土と一体のネ力を取り込んでいますから、無核の赤血球の中にＲＮＡ・ＤＮＡや細胞内小器官が生じるホ乳類の発生の主役、土《つち》であるヘソ（胎盤）の神秘がマコト科学です。そのホ乳類の赤血球産生、発生を表す『赤血球先天八卦図』は、神のみ意が乗ったミロクの大原理の型（象）示しであり、「アイウエオ」、「ヒフミ」など言霊とも一体になっています。

次は「サイエンス」。

細（サイ）分・分析好きの還元科学が、大元の神（「ス」）の「無」→「有」の創造を見失い、枝（エダ）葉事の物質界だけに熱中（「ン」）し我と慢心すればストップ（終末）となるぞ——とお示しになっています。

挿し木の技術がクローンの基本となっていますから、クローン技術は植物の「火・水・土」である「根・葉（枝）・花（実）」の「水」の枝知といえます。ギリシア語でもクローンは小枝を指す言葉となっています。

そもそも近代科学の基礎を築いたコペルニクス、ケプラー、ニュートンという人たちは、熱烈なキリスト教信者であり、哲学や自然科学は神学に統一され、元一つでした。ところが十八世紀、ヨーロッパで啓蒙主義者によって神を否定し、人間の理性を基礎に据えて学問の再編成が行われた結果、科学は自然の中に起こる現象を物質にかかわる概念、物の理法だけで説明するものとなってしまいました。このため客観性が強調され、「分析（細分化）」という自然科学特有の道具が絶対的な価値をもって君臨してきたのです。神から離れ、「ヨコ」だけの人力・人知の理性知をモットーに突っ走った物主のサイエンスは、とうとうミロク「火・水・土」（「五・六・七」）の法《ノリ》を犯す「科《トガ》」学の化け学になってしまいました。

物質を基礎とした生命観

千島理論の腸造血、赤血球のRNA・DNA・細胞化の「タテ」がない（「DNAから」）ため、分子生物学者の生命観は次のようになります。

分子遺伝学を中心とする生命科学の発展は、生物学に革命的な変革をもたらしました。生命現象の解析の結果、物質を基礎とした生命観が確立したといえます。それまでの神秘的な生命観は完全に打破され、生命現象がすべて有機物質の相互の連関による複雑な化学反応の集積であることが明らかとなりました（『遺伝子が語る生命像』本庶佑・著、講談社ブルーバックス）。

　生命は「コト・モノ」論者の渡辺慧先生のコトバと対比して下さい。分子遺伝学は、概念的にも法則的にも、還元論の不可能を教えてくれるものと評価すべきです。生命はコト。大切なのは、モノの裏にもっと大切なコトがあるということをいつも心にいれておくことです。「アイウエオ」では「カタ（ヒナガタ）――コト――モノ」とお示しになっています。

「サイエンス」は、「サ」の割《サ》く、裂《サ》く、細《サイ》分化の還元科学が大元の神の創造を忘れ、行きすぎて物主に走れば天地かえらく（天変地異）を伴う終末（物滅）がくることを戒めとして示されています。神は『神学を化け学の科学《トガ》としている《学毒》が、神の最高の芸術品である神の子・ヒトをあらゆる面で毒化し汚し濁らせ罪穢いっぱい詰め積み包んでいるぞ』とご指摘になっています。神の仕組まれた万生・万象弥栄えの置き手（掟）の神理を犯した罪穢を、霊身・肉身に詰め積み包むことがツミ（罪）となるわけです。

『人間がガ（我）の濁りを取ったならば神開き（「ラ」開き）となる』、『我の字は、ネ力を表している《禾》をオノで切る形である』という意味のおコトバがありますが、「我」は物主知のオノで禾（ネ力）を伐（切）る形と拝察致します。

結局、我をはらずに人知の限界を謙虚にサトッて、産霊の力でつくられ、ＥＭ効果・現象でも見られた土（自然）と一体のネ力を取り込んだ〝体外器官〟としてのヘソ（土《つち》）の神秘を智れば、神の創造（神開き）が理解できるということになります。

真科学《マコト》である神学を、化け学の科学《トガ》としている物主の進化論こそ人類共通の大罪であることを智って下さい。

メシアは、すりガラスの如く曇った人間の「霊（魂）・心・体」三位一体の浄化のため、「万人をイエス・キリスト化せよ」とのご神示に基づいて『真光の業』を与えられました。

手をかざすことによって高次元界から放たれる真の光（「ラ」・◎）は、一切の邪悪や穢れたものをクリーニングする偉大な力をもっています。

※詳しくは、『最後の天の岩戸開き』（岡田光玉師の大予告）、『天意の大転換』（同2）、『霊主文明の暁』（同3）八坂東明・著、リヨン社――をぜひ見て下さい。

ご神示は『顕微鏡など申しているが、おこがましい限りだ。細大菌鏡で望遠鏡ではないか』とお叱りになっています。『細胞いじくり回し』のおコトバもあります。

神はすべてお見通しです。神の産霊（結び）の力からホドケて衰えていく細胞分裂一辺倒、腸造血（「火」）を切り離しての人的な細胞培養などではミロクの「タテ」はわかりません。

神を否定する人間の理性知の「我」（ガ）の天狗の鼻はへし折られます。神は『炎《ホ》（「火」）の「タテ」）ザクな。臍《ホゾ》（炎祖）を噛むな。天狗の鼻を下へ向けてヘソを拝め』とお叱りになっています。『罪穢れやいと深し。危なし、危なし、あな恐ろし』のおコトバもあります。このままでは、天地かえらく（天変地異）は避けられないといえます。

「転写酵素」の発見

二代目教え主も、メシア（初代教え主）の絶対性を受け継がれておられることが、次のご教示からも明らかです。

昭和五十七年の立春大祭ご教示に「今後十年、人類界の存亡を決する最後の時代」とありましたが、平成四年の「ラ」がヒラ（ア）キ、神の創造が明らかになったミロク文明転換年まできっちり十年（「タテ・ヨコ」→十）となっています。

また、平成二年、一九九〇年代の幕開けの立春大祭では「スの大御神様はミロクメシアと変化あそばされまして、地上界に降り立たれておられます。いよいよミロクメシア白馬の蹄音耳朶を打ち、救世のみ力を揮い給う〃天の時〃が到来致しました。

二十一世紀に至る最後の十年間、人類の生存か破滅かの運命を決する重大な期間であります。真如逆法の激流が転換しつつあります。逆法の宗教、科学、医学、思想の迷信の壁が崩れて正法の奔流に切り替わって参っております。神界での天意の転換が地に移りまして、地上界の大転換が始まりつつあることを示しております」のご教示がありました。

「スの大御神様はミロクメシアと変化あそばされまして、救世のみ力を揮い給う〃天の時〃が到来」のおコトバをみても、二代目教え主の絶対性――「ス」の創造神からご神示をいただいておられることを示しています。

同年はご教示通り、真如逆法の激流の既成の赤血球・細胞理論では絶対見つからない、正法の千島理論によるエイズウイルスなどレトロウイルス（ＲＮＡ遺伝子）のみが持っている「逆転写」ならぬ「転写酵素」の発見がありました。

「転写酵素」はレトロウイルスが生きるための酵素であり、神の産霊の力で赤血球が創られ、細胞分裂でなくRNA・DNA・細胞化していることを示しています。物主の既成理論の逆法をはっきり示す「転写酵素」の発見によって自信にはずみがつき、二年後の平成四年、『赤血球先天八卦図・「アイウエオ」・「ヒフミ」・九気暦』が誕生——神の創造が明らかになりました。

このような神のみ意が乗っている「アイウエオ」、「ヒフミ」などの言霊のみ働きと一体の「コト・モノ」（タテの現象化）は、メシア——二代目教え主の絶対性、すなわち「ス」の創造神からのストレートなご神示をいただいておられることを示しています。平成二年のご教示通り、二十世紀末の同十二年までの十年間は、「人類の生存か破滅かの運命を決する重大な期間」でした。

ご教示の年の逆転写ならぬ「転写酵素」の発見、同四年のミロク文明への転換年を経て、『赤血球先天八卦図・「アイウエオ」・「ヒフミ」・九気暦』がメシアがいただいたご神示で大元の法《ノリ》と拝察されましたから、ご神示、メシア（初代教え主）、二代目教え主のご教示をもとに、神のみ意に沿って精進しましたところ「奇跡」の連続で、充実した「火・水・土」の神の創造を書かせていただきました。

同十二年のご教示は「神のご経綸は進み、全人類真如逆法の激流の方向転換板役」でしたが、十二月末にＥＭ効果・現象の超科学的波動とそれに連動した強い抗酸化力が土の力（「火・水」・「陽・陰」）とわかり、ミロクの大原理に位置付けられたことで千島理論と結ばれ、ご教示通り「方向転換役」を果たすがっちりした〝土台〟づくりができました。

ミロク「火・水・土」の千島理論の赤血球は、物主の学問体系の基盤をひっくり返しますから、既成理論の中心教義（セントラルドグマ）に逆らう「逆転写酵素」は、物主文明からミロク文明への『文明逆転酵素』となり、ご教示通りあらゆる分野にわたって迷信の壁が崩れ、真如逆法の激流が転換、正法の奔流に切り替わっていくでしょう。

大切なことは、ご教示にありますように、これらはすべて神界での「天意の転換」（〝天の岩戸開き〟）が地に移（写）って書かせていただいたということです。

神のみ意がのった言霊

神界の〝天の岩戸開き〟は、現界の〝天の岩戸開き〟となってあらわれます。

昭和五十七年の「最後の時代」のご教示から二年後の同五十九年十一月、人類史上燦然と輝く金字塔というべき創造神・スの大御神を斎き奉る世界総本山の主《ス》座が天照日大神が天降られた聖地・

位山のある日玉の国・高山（岐阜県高山市＝飛騨）に建立されました。

神様とメシアとのご契約である主座建立の聖なる大事業を継承された二代目教え主は、十年の歳月をかけて聖使命を全うされました。真の〝天の岩戸〟は開かれ、地上天国文明の黎明を告げる神《ジン》来《グル》電鈴《ベル》が鳴り渡りました。

見て下さい！　昭和五十九年の主《ス》座建立から「ラ」開き（神の「陽《ヒ》」ラセンによる創造が明らかになる＝「アイウエオ」の「ラ」）の平成四年まできっちりヒラ（ア）クの八年です。

「ヒフミ」でご啓示のミロク「五・六・七」（「火・水・土」）の大原理で「八」ヒラ（ア）クと同じく「開く」の言霊「八」、さらに昭和三十七年の「天意の転換」からメシア（三四五＝12）・ミロク（五六七＝18）の三十字（三十年）でしたので、平成四年を『ミロク文明への転換年』とさせていただきました。

同年は九気暦でも「八白・艮」、艮の金神・国常立大神の初発の神勅から百年（五十《ゴッド》＋五十《ゴッド》・十×十《カミ》）、二代目教え主のご教示「今後十年、人類界の存亡を決する最後の時代」にふさわしい最終年にも当たっています。

主《ス》座建立の翌年の立春大祭のご教示では、「昭和六十年は霊文明元年」のおコトバがありました。

このため、平成四年は主座建立から「八」開くの霊文明八年となります。

ご教示と本の執筆進行がピッタリの例を続けましょう。

平成六年十一月の秋季大祭のご教示は、「秋季大祭から大転換の本番へ。地球上始まって以来の出来事発生へ――」でしたが、同月末に初版の発行決定。『生命科学最大の謎』が解け、「物質の化学進化では生命は絶対に生まれない。神の創造である」ことを明らかにした「ラ」(◎)開きの本出版は、まさに地球上始まって以来の「大事件」です。

ご教示は、さらに「十一月という数霊は統一の月であり、神始まりの月でもございます。既に神霊界では明年度のご経綸が開始されております。平成七年はその数霊通り成《ナ》り生《ナ》り也《ナ》って鳴《ナ》り出づるみ代への突入であります」と続きます。

※七《ナナ》―ナル・ナル……

平成はヒラナル――「ヒ」(陽)ラセン成る(「ラ」開き)ですから、平成七年《ナナ》は「ヒ」ラセン成ってナル・ナル年。一月十七(神《ヒ》鳴る)日の阪神・淡路島地震、五月の初版発行(日付は六月十五日)と、ご教示通り成《ナ》り生《ナ》り也《ナ》って鳴《ナ》り出づるみ代へ突入致しました。

ご教示によれば、阪神・淡路島地震は天変地異をはじめとする地球規模の大変動が顕著になる型示しということです。

平成十二年は西暦二〇〇〇年ですから、「ヒフミ」（「一二三」）のご経綸の「二」の世の実質的な終焉の年で、二十一世紀への大節《ふし》年です。カトリック教会のローマ法王庁は「千年に一度の大聖年に当たり、教会自らも歴史的な罪を認め、許しを求める」と発表しました。

私の執筆進行とピッタリだった第二代教え主の「人類界の存亡を決する最後の時代」と「人類の生存か破滅かの運命を決定する重大な期間」（各十年）の二つのご教示で、「最後の時代」が「重大な期間」の前にきていることに注目しましょう。

「最後の時代」には、現界の〝天の岩戸開き〟の主座《ス》建立のあと、逆転写ならぬ転写酵素（「文明逆転酵素」）の発見、『「赤血球先天八卦図」・「アイウエオ」・「ヒフミ」・九気暦』（新文明原理）が入っていて、おコトバ通り人類界の存亡を決する最重要な出来事だったことがわかります。

そのうえ、「文明逆転酵素」と「新文明原理」は後者の「重大な期間」にも入っていて、同期間終了の二十世紀末（平成十二年十二月末）になって、ＥＭ効果・現象の基本である超高周波で超低エネルギーという物質科学ではあり得ない「超科学」的波動と連動する強い抗酸化力が、「火・水」・「陽・陰」の産霊の力が産土力となって土玉の地球がつくられた「土の力のミニチュア」とわかり、千島理論とともにミロクの大原理に位置付けられました。

この結果、真如逆法の「逆流方向転換劇」の役者がそろいました。劇的でした。ご教示通り、人類の運命を決する「最後でかつ重大な期間」でした。

このように、神のみ意がのった言霊と一体の「コト・モノ」（タテの現象化）は、人知・人力・物力の限界を超えるもので、「神界・幽界・現界」、「霊（魂）・心・体」は三位一体で連動していて、神は自在に人間界を動かせる立場にあらせられることをはっきり示しています。「霊主・心従・体属」とタテが主だからです。

平成十三年（二〇〇一年）は、現界の〝天の岩戸開き〟の主座建立から十七年の神《カミ》（十）、成《ナル》（七）年。「神成る」（十七）の言霊は、創造神の「火・水」・「陽・陰」の産霊の力が「火・水・土」（「五・六・七」）の産土力となる「無」→「有」の創造が明らかになる――です。

ナは、タテの「火」・「陽」とヨコの「水」・「陰」が「タテ・ヨコ」十字に一体とナル、産霊の形（象）です。象神名《カタカナ》ですから、向かって右が左で、タテを主軸に左回転の形になっています。

産霊の力は「火・水・土」の産土力となってナ（ア）ム（ウ）――「無」→「有」で生まれてき

ます。母音のアとウが必要なわけです。

アは、火・日・陽・霊・神・天・明・光・五。

「生り成り」には、万生、アの気（神気）をいただかねばならないのです。

アが元で、アよりホドケルとナム（成無）と化してしまいます。

「ナは元々ヌアなればなり」――とお示しになっていて、「アイウエオ」は母音と子音が一体の象《カタ》神名《カナ》であることがわかります。

このため、ナ（ア）ム（ウ）で生命誕生となります。


「火・水・土」の土も、「五・六・七」の七ですから「土の力のミニチュア」のＥＭ技術が、同じく産霊の力で土と一体でつくられる千島理論の生殖細胞（「土」）とともにミロクの大原理に位置付けられ、「神成る」（十七）の言霊通り完璧なものにナリ（成・也・生）ました。

平成十三年の言霊も、平成《ヒラナル》――陽《ヒ》ラセン（◎・「陽」）成《ナ》って、神（十）実《ミ》る（三）となっています。


食べたものが、赤い血（赤血球）となるには、神のみ光・「陽《ア》」との産霊（陽十《陰》）が必要で、ホドケて——《陰陽》となると、ホトケ（仏＝死＝「霊体・幽体」の肉体からの離脱）となります。

クローン動物も、「火・水」（「精子・卵子」）の産霊を省いていて、生命力が弱いのは当然です。

神によって創られた神の子ですから、神（「ア」・「ヒ」）に対して人間は「アイウエオ」の「エ」（枝）。今こそ、「エ」（枝）である人間が陽霊《ラビ》を強く吹き出すエ「陽《ラ》」吹《ブ》の天の時なのです。「陽《ラ》」を開いて、ご経綸に役立つ種人とならせていただきましょう。


物主の生命観は、物質が「化学進化」して出来た「DNAが根本」で、生命は自然発生、「三百の遺伝子で生命を人工合成出来る」などと言っていますから、「本当に生きているのはDNAであって、人間とか動物とか生きている生命の主体と考えられているものはDNAが身にまとっている衣みたいなもの、乗り物にすぎない」——というのが基本的立場です。

このため、「自我というものは、DNAの自己表現にすぎない」——ということになります。物主の逆法ここに極まれりといえましょう。これでは神が天地かえらく（天変地異）をもって戒められるのは当然でしょう。

自然と一体の「御聖言」

三四五《メシア》が御使いの神を通して天地創造の主神《ス》から賜った、啓示集の「御聖言」の最後のページのおコトバを見て下さい。

一《ヒイ》が二《フウ》となり三《ミ》となる型なり。

三四五《メシア》、五六七《ミロク》の世へ進めて、初めて神の世の岩戸開きの八《はち》の世で開き、九《ここの》たり、新しき十《かみ》の国の写し絵、天国地の上《へ》に現わす種人《たねびと》造らせ始めたるなり。※種人＝ご経綸に役立つヒト。

のおコトバ通り、昭和三十七年の「天意の転換」のご啓示から、三四五《メシア》がいただいたおコトバに導かれて、三四五《メシア》（12）・五六七《ミロク》（18）のミロク三十字で平成四年に赤血球がつくられる、主座《ス》建立（岩戸開き）から八年の「八」の世の「ラ」が開き、「九」、「十」となっています。

神のご経綸が「神・幽・現」とタテに連動しているからです。

「八」は、昭和五十九年十一月三日、創造神（「ス」）の主座建立で現界の〝天の岩戸〟が開かれ、八年後の平成四年に赤血球の「ラ」開きの八の世（ミロク文明転換年）へ（同四年十一月三日―五年十一月二日）。

「九」は、千島理論の赤血球と比嘉教授の土と一体のEM技術の土の力のミニチュアとしてドッキング、「火・水・土」のミロクの大原理に位置付けられたのが、主座《ス》建立から十七年（平成十三年十一月三日から同十四年十一月二日）の「神成る（十七《カミナル》）」です。

「十」は、主座建立から神開く十八年（同十四年十一月三日から十五年十一月二日）を迎え、ミロクの大原理がタテに貫く神・人、自然・人一体のミロク文明に入ることになりました。

ご経綸の「メシア・ミロクの源法」でした。〝艮の金神〟国常立大神からおろされた節分の〝初発の神勅〟も、おコトバどおりでした。

ご経綸は、「八」・「九」・「十」ときて、いよいよ物質が化学変化して生命発生の七六五《ナムア》の世から、⦿（「ス」）の大御神様ご登場の五六七《ミロク》の世、九気暦の立春が正月元旦となる時が来ました。

平成十六年の九気暦は「五」の年です。「一」から「九」までの中心ですから、創造神の「ス」です。二月四日も同暦の「五」の日です。

主座建立から十八年の神開く（十一月二日まで）のあと、大建て替えのマコト節分け「大節分時代」を迎えたのです。

「御聖言」の〝観音《カムノン》の実育《みそだ》ちて成《な》り鳴《な》り出《い》でて天下《あまくだ》す、…〟のおコトバを拝読して下さい。
マコト人知《じんち》の哲理《てつり》を棄《す》てて、神理正法《しんりせいほう》を知《し》る外《ほか》なからしめ、かつは神《かみ》のご用《よう》、霊《れい》の目覚《めざ》めする外《ほか》途《みち》なきを、人類《じんるい》にサトラしめられん。神《かみ》の前《まえ》に人知人力《じんちじんりょく》のみの無力《むりょく》さを暴露《ばくろ》させん様相《すがた》出《い》で来《き》たって、気《き》づかしめゆかむ。しかしやがては、いかに学《がく》に驕《おご》り、権勢金力《けんせいきんりょく》に高《たか》ぶり、能力《ちから》に天狗《てんぐ》の鼻動《はなうご》めかしあるとも、神《かみ》の仕組《しく》みにくらぶれば、九牛《きゅうぎゅう》の一毛《いちもう》にも足《た》らざりしを次第《おいおい》に、遂《つい》にはイヤッと思《おも》うほどに見《み》する世《よ》へ近《ちか》づかしめ、人知法《じんちほう》（宝《ほう》）蓮《れん》の華《はな》と咲《さ》くも悪《あく》の花《はな》ども散《ち》り埋《う》もれゆきて、天地火《あめつちひ》の華埋《はなう》もれし真人花咲《まびとはなさ》かす世《よ》へ。真中《まなか》にウミ出ずる観音《カムノン》（カムは神《かみ》、ノンは神代《かみよ》ス神《がみ》の事《こと》をノンノと申《もう》した変形《へんけい》）の実育《みそだ》ちて、成《な》り鳴《な》り出《い》でて天下《あまくだ》す、四十八神《ヨトヤがみ》と幾千万《いくせんまん》の聖《ひじり》の霊降下《たまこうか》（復活《ふっかつ》）せしめて、汝等種人《なんじらたねびと》たちと相共《あいとも》に、一挙《いっきょ》に人《ひと》の世《よ》の大《おお》ひっくり返《かえ》しの大《おお》み業《わざ》見《み》する世《よ》もあまり遠《とお》からぬ型《かた》、一段強《いちだんつよ》く現《あ》れ出《いだ》さしむるなるべし。

次のおコトバもあります。

いよいよミロクメシア降臨《こうりん》の仕組《しく》みと次期文明《つぐよあかなよ》への導《みちび》き主《ぬし》、救《すく》いの主《ぬし》たらしめ、人間《にんげん》マコトの昇《しょう》華《げ》によるマコト解放《かいほう》の聖使《せいし》とならしめんものなればなり。
師《し》の口走《くちばし》るものこそ実《み》（導《みちび》きのミ）となりて師《し》の言葉《ことば》に非《あら》ざるに到《いた》らん。人類異常《じんるいいじょう》の大峠《おおとうげ》越《こ》えしむるため止《や》むなし。永《なが》く待《ま》ちこがれて得《え》ざりし「人類栄光《じんるいえいこう》への道《みち》」は、師《し》の口走《くちばし》るものより得《え》て、ス直《なお》に魁《さきがけ》行《ゆ》くものより仕組《しく》まれ恵《めぐ》まれん様相《すがた》、汝等《なんじら》目《め》の前《まえ》に見《み》せらるるに到《いた》らん。

三四五《メシア》が三十四年にいただいた神のご経綸の大預言書「神向き讃詞」がありますので、五六七《ミロク》メシアと赤血球に関する啓示を書かせていただきます。

「文化開花蓮華《ぶんかかいかれんげ》の世《よ》　一切茲《いっさいここ》に古《ふる》び来《き》て　妙法正法結実《みょうほうせいほうけつじつ》の陽《ひ》（霊《ひ》）の文明《ぶんめい》の暁鐘《ぎょうしょう》に　人類霊眼《じんるいひがん》豁然《かつぜん》と覚《さと》らば観《かん》ぜん　五六七三四五《ミロクメシア》降臨《こうりん》の白馬《はくば》の蹄音耳朶《ていおんじだ》を打《う》ち　心眼開《しんがんひら》けば応身《おうじん》のミロクメシア現《げん》じて、救世《きゅうせい》のみ力揮《ちからふる》い給《たも》うも観《かん》ずべし」

以上は、一九九〇年代の幕開けの立春大祭のご教示で、「スの大御神様は、ミロクメシアと変化あそばされまして、地上界に降り立たれておられます。いよいよミロクメシア白馬の蹄音耳朶を打ち、救世のみ力を揮い給う〝天の時〟が到来いたしました」のおコトバとなってあらわれます。

同年はご教示通り、既成理論の「ＤＮＡ・細胞・セントラルドグマから」（「右〝先〟・左〝後〟」）の細胞分裂一辺倒を根底からひっくり返す〝文明逆転酵素〟（エイズウイルスなどが持っている逆転写酵素）の発見がありました。
神が「無」↓「有」で赤血球を創られる「赤血球・白血球・生殖細胞」（「火・水・土」の「左〝先〟・右〝後〟」）が正法です。ホ乳類では、ヘソ造血で赤血球の中にＤＮＡ（核）が生じてきます。タテのみ力が働いているからです。

神からメシアがいただいた神歌《みうた》でも
生命《いのち》とは「異《い》の知逆法《ちぎゃくほう》」に気《き》づきなば
　「生《い》の血《ち》」と変《か》わりて生霊栄《いのちは》え行《ゆ》く
とお示しになっています。

「神向き讃詞」のおコトバを続けます。
「大慈大悲《だいじだいひ》や陽《よう》と陰《いん》　タテヨコ十文字結《じゅうもんじむす》んで堅《かた》くホドケずば　大和《だいわ》の力天《ちからてん》に満《み》ち　人類《じんるい》エデンの
花園《はなぞの》に住《す》みなん遊化《ゆうげ》の世《よ》は　正《まさ》にこの土《ど》に速《はや》く現《あ》れたるを
群《むら》がり起《お》こせし迷蒙《めいもう》の唯物雲《ゆいぶつぐも》や穢《けが》れ雲《ぐも》に求《もと》めてやまぬ真理峰《しんりほう》　掩《おお》い曇《くも》らせ身自《みみずか》らに正法正覚見《せいほうせいかくみ》
えやらぬ盲人《めしい》となりし哀《あわ》れさよ

為《ため》に逆法真如《ぎゃくほうしんにょ》をば正法神理《せいほうしんり》と錯覚迷《さっかくまよ》いつつあわれ胎蔵陰光《たいぞういんこう》の中《なか》にまさぐり分化《ぶんか》し過《す》ぎ十字《じゅうじ》に結《むす》ぶ総合《そうごう》を成《な》すべき力弱《ちからよわ》り果《は》て　唯徒《ただいたず》らに分化対立《ぶんかたいりつ》し　末法末世暴逆《まっぽうまっせぼうぎゃく》の世《よ》と化《か》せしめしぞ口惜《くちお》しき」

神からいただいた「生《い》の血《ち》」である「タテ・ヨコ」の陽と陰が十字に結んで堅くホドケずば、〝極楽浄土〟が速くくるのですが、母胎の中の陰光であるDNAによる右回転が〝先〟の〝肉が血となる〟の骨髄造血の逆法では、物質の化学進化で生命発生、最後は猿から人間になったの進化論ですから、分化対立、末法末世暴逆の世となってしまいます。ヨコだけの人知の哲理を棄てて神理正法を智り、神・人、自然・人一体のミロクの世になるミチしかありません。

次のおコトバは、「御聖言」の「観音《カムノン》の実育《みそだ》ちて、成《な》り鳴《な》り出《い》でて」と一致します。

「外観絢爛中腐《がいかんけんらんなかくさ》り穢《けが》れ果《は》てたる逆法《ぎゃくほう》の真如文化《しんにょぶんか》に咲《さ》く花《はな》びらは　いずれは散《ち》るべき華《はな》なれや
腐《くさ》り果《は》つ実《み》に育《そだ》てられ　伸《の》び行《ゆ》く種《たね》や真《しん》の実《み》ぞ　ミロクメシア観音《かむのん》の実《み》ははやこの土《ど》に天降《あも》り来《き》て　陽光輝《ようこうかがや》く正法《せいほう》の世《よ》に還《かえ》さんも主《ス》の経綸《けいりん》」

神の「無」→「有」のミロクの創造が明らかになった主座《ス》建立から十七年の「神成る」年（同十三年）は、「大事な四二《よに》（世）なるよ」の「御聖言」のおコトバもあって、崇教真光四十二周年（秋季大祭）の数字「四二」（世）と一致します。

「アイウエオ」の「ヨ」は、「神・幽・現」、「火・水・土」など三位一体のミロクの世の啓示文字で、左（向かって右）の方がタテ（左）に貫いています。「神成る」の年に、四十二周年には神・人一体で大事なミロクの世に（四二）なるよ――と啓示されていたのでした。

人という字は、〻《チョン》（主神《ス》）人＝入＝となっていて、四十八（「アイウエオ」の四十八音）神の分けみ魂をいただいた神の子・霊止《ヒト》なのです。

万物・万生（生き物）のヒナガタを創られたあと、最後にヒトのヒナガタを創られましたが、万象・万生も神の子のためにのみ弥栄えさせ、何百億万年かかって神は諸々の物像を造られ、地に育くませ、撞《つ》き固め育て上げてこられたのは、みな人類の宝（物資）となさしめるためです。

いよいよ神の子・ヒト（霊止）の時が来て、これらの宝物を天・空・地の至るところで神に代わって地の倉より掘り出し、掘り出して物造りの技を進めさせ、神の世界の写し絵を地上に顕現させるという主《ス》の神の祈りなのです。

ミロク・智慧の実

自然と一体の「御聖言」のおコトバを続けます。

マコト科学《かがく》ならば、どこ迄《まで》も神学《かがく》に「ン」出来《でき》るなり。元《もと》は一《いち》なればなり。ン出来《でき》ざれば人知仮《じんちか》(科《か》)学物主丈《がくぶっしゅだけ》の化学《かがく》にてチンバ文明《ぶんめい》の泉《もと》となり、「ンのツキ」となるなり。終末《おしまい》たり。遠《とお》くあらざるなり。運《うん》のつきにならざる為大元智《ためおおもとち》に還《かえ》るべし。

霊智《みち》に元還《もとがえ》りすべし。本来人間《ほんらいにんげん》は神《かみ》の生《う》みたる神《かみ》の現《あら》われとして在《あ》らしめたれば、元《もと》は神《かみ》の子《こ》の為《ため》にもろもろの姿《すがた》、万象《ばんしょう》造《つく》りて自然《しぜん》として存在《そんざい》せしめあるものなり。ありがたきこの事判《ことわか》れば初《はじ》めてヒトなり。故《ゆえ》に大《おお》らかにて細《こま》かく、微《び》に入《い》り、細《さい》に入《い》りての自然《しぜん》の仕組《しく》み、マコト、人間《にんげん》にては計《はか》り得《え》ざる神智《みち》にて生《い》かされ有《あ》りて在《あ》ること「バカ」ならざる限り判《わか》るならん。

自然《しぜん》は至善《しぜん》なり。一度造《いちどつく》りみれば神《かみ》の苦労《くろう》も大《おお》らかなる愛《あい》も判《わか》るべきも、未《いま》だ無理《むり》ならん。と申《もう》して待《ま》ちてはおれぬなり。而《しか》も万生一切《ばんせいいっさい》の仕組《しく》みの中《なか》に生《い》かしあり、即《すなわ》ち「人間生《にんげんい》かされ」あれば、「ン」(本来神人合一《ほんらいしんじんごういつ》、自人一体《じじんいったい》)のサトリなくしては、一切《いっさい》の学問《がくもん》は「我苦悶《がくもん》」と化《か》する様相《ようあい》成《な》る宿命《しゅくめい》在《あ》るなり。

神大天地造《かみおおあめつちつく》り創《はじ》めし時《とき》の火魂《ひだま》（日玉《ひだま》・日霊《ひだま》）と水魂《みずたま》（月玉《つきだま》・月霊《つきだま》）と土魂《つちたま》（土玉《くにたま》・土霊《くにたま》）の三魂《みたま》、三十字《ミロク》に組《く》みて綾《あや》なせし、底知《そこし》れぬ深《ふか》さと巾《はば》といたせしタテの力《ちから》に組《く》み合《あ》わす働《はたら》きより、又《また》「間釣《まつ》り合《あ》わせの法《のり》」も「曙《あけぼの》の理《り》も日《ひ》ぐれの理《り》」も、あらゆることの「めぐりの理《り》」も「輪廻転生《りんねてんせい》の理《り》」も出《いだ》（出発《しゅっぱつ》）させておれるなり。かくの如《ごと》き界《かい》の神《かみ》の意乗《いの》り、神《かみ》の祈《いの》りの働《はたら》きの途《みち》すじが「真理《しんり》」と申《もう》させしなり。

汝文字《なんじもんじ》をよくみつめよ。この天地《あめつち》の秘《ひ》め事《ごと》が真理《しんり》なり。デタラメにあらず、厳《げん》とせし秘義《ひぎ》ある文字《もんじ》なり。故《ゆえ》に神界《かみよ》、幽界《かくりよ》、現界《うつしよ》三《み》チ世界《のよ》に亘《わた》りて貫《つらぬ》き通《とお》せし働《はたら》き、相即相入《そうそくそうにゅう》にてタテにぼけてはいり、組《く》み合《あ》いて連《つら》なり動《うご》き参《まい》る霊智《みち》の発現《はつげん》のノリなり。

「火・水・土」のミロク三十字が貫き、神・人、自然・人一体で生かされていることをサトリましょう。

(W)
ワ—ア　ウ
ヰ—イ　ウ
ウ—ウ　ウ
ヱ—エ　ウ
ヲ—オ　ウ
（神力・人力）

ワ行にはやはり神意・神力の母音「アイウエオ」に人知・人力のW（ウ）がついています。神の霊力と、神が神の子の人のために創られた資源を使い、物をつくり動かす人の力とが一つになる神・人、自然・人一体の世の中になっていきます。「ヱ」の写し絵天国建設に向けて神のご経綸は進むわけですが、ワ行の前の、ラ行の神鍛えの試練期（大節分期）を乗り切らねばなりません。

〝初めに神の創造（「アイウエオ」）があった〟のですから、「ス」の創造神が創られた、「ス」ウ——「ス」ウムウ（「無」↓「有」）——「ス」ウ教——崇教となることが必要でしょう。数字も「ス」ウ字——崇字となります。

崇は、宗教の宗の上に山がついています。山のヤは、イアでタテ、神・人、自然・人一体、マは真でマコト、真ん中——シン（芯、神）——スイン・「ス」の創造神の御意に一体化。『赤血球先天八卦図』でも「艮・八白・細胞・山」——ヤマト——霊の元つ国・日本。

多くの宗教が生まれる以前の元の姿、超古代、五色人が集っていた当時の、神・人、自然・人一体の崇教に還るべきでしょう。人類は、創造神はじめ天神第六代国万造主大神、同七代天照日大神など天地創造の天神七代の大神に感謝とイノリを忘れてはならないでしょう。天祖・人祖・皇祖は

イースター島のモアイ像

元一つです。イースター島の巨石、モアイ像の七巨人はこの天神七代の大神を象徴しているのではないでしょうか。「七」は、成（ナ）る――です。

聖書の創世記は、天神七代を七日につめて表しています。

また、神がピラミッドとともに好対照の人面獣人のスフィンクスをつくられた意味を考え、大いに反省すべきでしょう。

人はだれでも幸せを願っていますが、シアワセとは何でしょうか。シアワセとは、「ス」イアワセ、「ス」意、創造神の御意にアワ（合わ）せる――霊魂・霊体の神性化につとめ、ご経綸成就のお役に立たせていただけるものは幸せになるようになっている、仕組まれている――ということです。

神は大愛をもって、『「赤血球先天八卦図」・「アイウエオ」・「ヒフミ」・九気（星）暦』のなかに、ミロク・〝智慧の実〟（文明原理・ヒトのミチ）を用意して下さっていました。このご馳走をいただけば、物主の世界観は一変するでしょう。宇宙飛行士が感嘆した〝美しい地球〟。広大無辺な宇宙のなかで、生命の存在は地球だけです。「アイウエオ」は創造神のご経綸と共にあった――のですから。

神の大愛に感謝し、地球・生命の尊さ、ありがたさに目覚めなければならないのではないでしょうか。自然環境の破壊、争うことの愚かさ、無意味さ、おそろしさを痛感せずにはおられないはずです。殺人や自殺、いじめは絶対にやめましょう。

人類が神の子として尊重し合い、神性化し、神・人一体、自然・人一体になり得たとき、神はマコトの宇宙科学をもお許しになるのではないでしょうか。

あとがき

腸造血の真の赤血球で「火・水・土」のミロクの大原理による神の創造を書かせていただくことが、預言されていました。

神はみんなわかっておられました。そして導かれました。わかりやすい表現を使わせていただけば、動かされたのです。天地万象、神のコトバ――神はいろいろなおコトバでお導き下さいました。万象は時間をもって体とす。すべての物象は理に現れ、理は数に現れ、理と数は機によって現れる（機は気）。

私は昭和五十三年三月十九日午前二時三十一分、九星（気）盤を使った密教占星術「三元九星」（『密教占星術Ⅱ』桐山靖雄・著、平河出版社）で自分（八白・土星）の前途を占いましたが、おそろしいほどに私の未来をピタリと預言していました。

四緑巽宮	九紫離宮	二黒坤宮
三碧震宮	五黄中宮	七赤兌宮
八白艮宮	一白坎宮	六白乾宮

九星(気)定位盤

S53,3,19

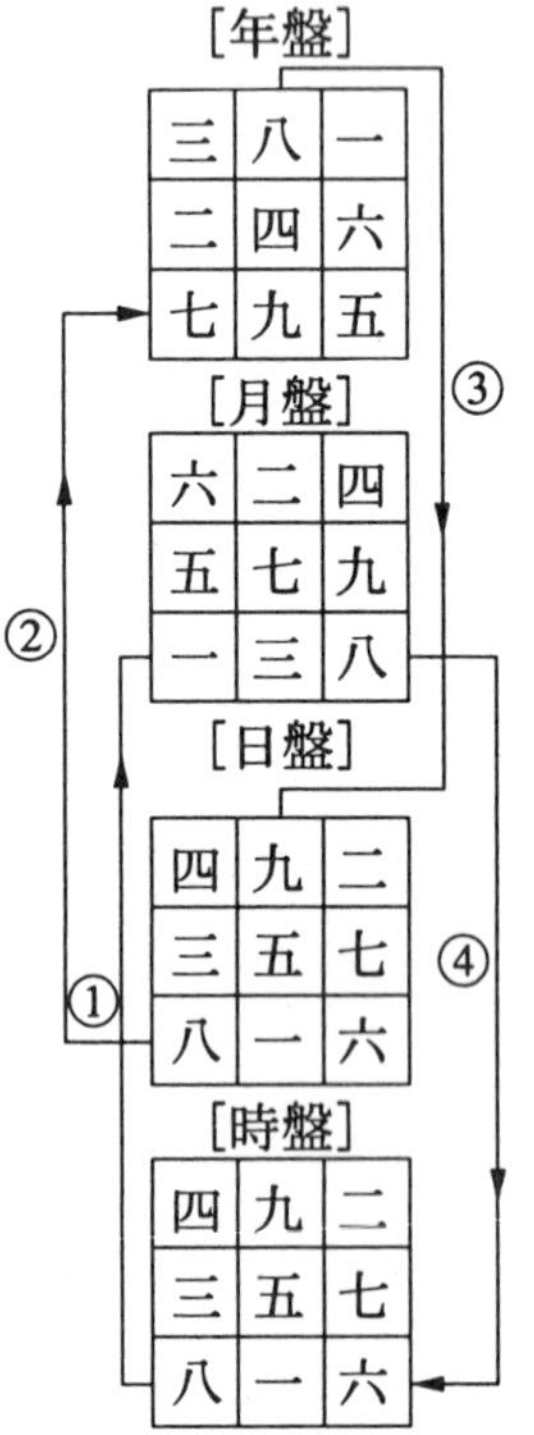

AM2時31分
S4,11,17生まれ
福島教義

「今後の運命を占う」
(購入した夜、帰宅して)

過去・現在・未来をピタリ啓示!!!

驚異・不思議

①艮(土)―一白(水)大凶
②艮(土)―七赤(金)大吉　感謝、感激!!!
③離(土)―九紫(火)大吉
④乾(土)―六白(金)大吉

合掌

占った年、月、日、時の九星をそれぞれの九星盤(九気盤)にあてはめたものです。九星の星＝勢。占い盤をみてみましょう。詳しい解説はかえって繁雑になりますので、できるだけ簡単にいきます。占盤は①②が「過去、現在、目的」、③が「第一未来、経過、変化」、④「第二未来、結果」ですが、①の大凶のほかは②③④とも大吉ですから、成功するとみます。①②の「過去、現在」は占断どおりでした。「目的」は②の「七赤」。赤――赤血球・赤血球先天八卦図、七は「ヒフミ」の「七」、「火水土」の「土」（ツチ）でしょう。

お導きいただいたおコトバ（ご神示）の「マコト科学を知ろうと思うならば、ヘソと土《つち》の神秘を求めて精進しなさい」にピッタリではありませんか〈ヘソは土《ツチ》（自然＝至善）と一体の植物のネ力（根で「火・水・土」となる〝血〟をつくる力）をホ乳類の体内に取り込んだ土《つち》（〝体外器官〟）〉。

③の「第一未来、経過、変化」の「離」――「九紫」は、火、赤、血液、書籍、文書、神…で、赤血球（血液）の本を書くようになりました。

④の「結果」の「乾――六白」の統合象意は天。「天意の転換」（〝天の岩戸開き〟）を書かせていただいたのですから、これまたピッタリ一致します。

しかも、「乾――六白」の年の最後の節分の日で、定位盤の中央「五」（創造神「ス」）の年の正月元旦の立春の日を迎えることになりました。私の星・八白の数象（五・十）どおり、二十五年です。

占盤は日盤と時盤が肝要ですが、二つとも定位盤（中央に「五」）となっています。私が絶対の確信をもって努力できたのも、これがあったからです。「定位置だから『八白・艮』の特質を十分に発揮できる」とよみました。しかも二つ重なっています。「第一未来」「第二未来、結果」の③④が「艮・八白」のように「離――九紫」「乾――六白」と定位の宮と星が結ばれて強い意味が生じ大吉となっているのも、めったに見られない日盤・時盤の定位盤の重なりがあったからです。

占盤のコトバどおり、私の星（「八白・艮」）が中央（中宮）に入って最も強い勢いを示す「八白・艮」の平成四年をミロク文明への転換年（「ラ」・◎が開いて「ヒフミ」の「八」へ＝神の創造が明らかになる）とさせていただきました。現界の〝天の岩戸開き〟の主座建立から十七年は神《カミ》（十）成《ナル》（七）年です。「神成る」（十七）は、創造神の「火・水」・「陽・陰」の産霊の力が「火・水・土」（「五・六・七」）の「無」→「有」の産土力となるのですから、EM技術と千島理論がミロクの大原理に位置付けられ、「神成り」（十七）の言霊通り、完璧なものにナリ（成・也・生）ました。

「アイウエオ」・「ヒフミ」・九気暦とドッキングし大元の法《ノリ》と拝察される『赤血球先天八卦図』で

も、「艮・細胞・山《ヤマ》」となっていて「八白・艮」が出ています。大吉を示しているものの、「艮」は「山」ですから、〝山また山〟で大変な困難が続くと覚悟していました。「土」（八白・土星）の重なりは急変も意味し、そのとおりでした。
常識では考えられないことが起こりましたが、目的の七赤（兌宮）の象意があらわれていて、神のお仕組みとわかりましたので、感謝と自信をもって努力することができました。「神をわかろうとするなら、神の足の指でも、くるぶしでも、ヒザでもかじりつきなさい。食いついたら登りなさい。一心に登りなさい。嬉し嬉しとなるだろう」という意味のご神示どおりでした。

急変が予告されていた「七赤・兌宮」の象意による〝事件〟が起きて、同六十三年にメシアとのご縁が生じたわけですが、私の星・八白の数象（五・十）どおり、十年です。神仕組みを示します。

私の星八白が乾宮（六白）に座す七赤の年（月盤と同じ。「八」は右下の乾宮にきています）の平成五年、前年の『赤血球先天八卦図』・「アイウエオ」に続いて「ヒフミ」とドッキング、籠の中の鳥・「ス」の創造神のお出まし（〝チャラ　チャラ出やる〟）が預言されていたのでした。酉（トリ）年です。占断の昭和五十三年から、私の星・八白の数象（五・十）どおり十五年となっています。

平成四年の立春、「八白・艮」の元旦に、〝艮の金神〟は国常立尊で、〝鬼門〟は〝貴門〟と知りました。そこで、「八白・艮」の年は中央に「八」が位置するので占盤の年盤中央に「八」を入れてみたところ、思いがけない発見をしました。占盤は時盤から日盤、年盤と掛けながら上がったあと、月盤に下がりますが、年盤に「八」のあと月盤、日盤に下がって掛けてみました。

「八〜五（日盤）」、「八〜六」（④と同じ）、「八〜七」（②と同じ）で、「五〜六〜七」。

これは大変！「八白・艮」の年、貴門——ミロク——「ヒ」ラセンアクだと、懸命に取り組んだところ、『赤血球先天八卦図』と「アイウエオ」が、がっちり結びつきました。

また年盤中央（定位「五」）に「八」を入れ、普通の占断とは逆に月盤〜日盤と上から下へ掛けていった結果の「五・六・七」（火・水・土）の発見は、神が大切なことを教えておられるように感じられてなりません。このように、最も大切な「日盤・時盤」の定位盤の重なりで強運を示す私の星「八白・艮」が、「目的・第一未来・第二未来（結果）」としっかり結ばれて、ご経綸と一体化していることがわかっていただけたと思います。

妻も「八白」。夫婦ともに「八白」は、吉凶が甚しいといいます。桐山靖雄先生は、「この星の特長は、ひと口でいうと、若い時に逆境に育ち、苦労すればするほど、それに比例して晩年大きく飛躍するのである」と言っておられます。徳川家康も「八白」。一般的に晩年運ということです。

七	三	五
六	八	一
二	四	九

平成四年の九気盤

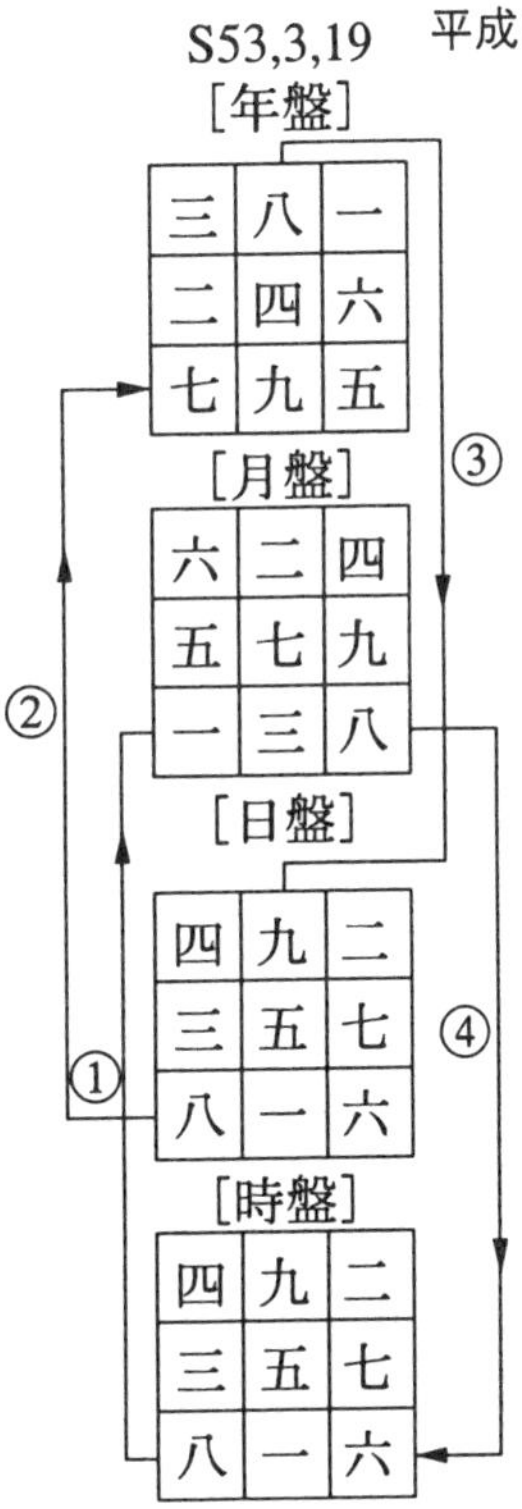

AM2時31分
S4,11,17生まれ
福島教義
「今後の運命を占う」
(購入した夜、帰宅して)

過去・現在・未来をピタリ啓示!!!

驚異・不思議

①艮(土)—一白(水)大凶
②艮(土)—七赤(金)大吉　感謝、感激!!!
③離(土)—九紫(火)大吉
④乾(土)—六白(金)大吉

合掌

もう一つ、行動の指針となったのが手相です。左右とも太陽線が強くはっきりと出ていました。左は二重太陽線です。強運を意味します。しかし、左右とも運命線の中ほど（頭脳線の下）が大きく切れて空白となっていました。中途挫折です。だが、このカタチは大器晩成型で、がんばればがんばるほど成功する相と手相の本にありました。

「〃手相が当たる〃ということは大変なコトだ。一生を賭けて〃実験〃してみよう」と決心しました。密教占星術の占断が出た昭和五十三年には、新しい線が出来て空白部分はなくなっています。線がつながったことでさらに自信がつきました。左手のものは、太陽線から支線（奇跡線）が伸びたものです。

ほかに「吉」のサイン（引き立て線）が消えずに出ていたことも励みとなりました。高木彬光先生（推理作家）に手相を見ていただき、激励されたことも大きな心の支えとなったのです。

四十五年前、三歳の長男を日本脳炎で亡くしてから決意しました。「長男の分まで社会や人のために何かやろう。手相をみても、自分にしかできない仕事があるのではないか」と。私の数象（五・十）とこれまたピッタリです。勤務先が内勤だったこともあって、趣味としていろんなことをしました。結果は、占断の「過去」で示されたとおりの「大凶」でした。しかし、広い分野にわたって本を買い求め、自分なりの勉強を続けました。中学三年のとき、体をこわしたことから健康には気をつけ、千島喜久男先生の血液の本に関心をもったのもそのためです。

〝人間万事塞翁が馬〟――。

㋐イウエ㋔
㋕キクケ㋙
サシスセソ
㋟チツ㋢㋣
ナニヌネ㋨
ハヒフヘホ
㋮ミムメ㋲
ヤイユエ㋵
ラリルレロ
ワヰウヱヲ
ン

占いが当たりました。占い成る―ウラナル―生む（「ウ」＝「陽・陰」）ラセン成る。また、占い成る―ウラナル―ウラ智るで、「オモ」（表、面）のウラの「アマ」（天）智る。神智る。

本が集まっていた（購入していた）。順序よく手に入った。身近にあった。見た。気づいた。ばらばらがまとまった。入れ替わった。スッポリ入った。結びついた。……。これらは、みな、見せていただいた。まとまらせていただいた。……など受け身のかたちで敬語を使うべきものでした。あまりの見事さに、執筆中に、夜中に、場所・時間を問わず、幾度となく感涙にむせびました。

赤血球のRNA・DNA化（細胞化）を血液の本で確かめるため、大学の医学書専門店にとび込んだとき、血液書を開いたとたん目についたのが探していたものでした。わかりやすい写真でした。人間ひとり、どんなにがんばっても、神の助け、導きなくしてできる問題ではありませんでした。執筆に必須かつ適切な本が、広い分野にわたって順序よく集まってきました。逆転写酵素を皮切りに、次々と千島理論とつながっていき、予期していなかった大展開をみせました。

一冊の本の出版でさえ大変なのに、緻密に計画、出版されたように多くの本を手にしたのですから、カゴメの唄をうたわされていたように、大勢の人が神に動かされていたといえるのではないでしょうか。

使わせていただいた諸先生にお礼と感謝を申し上げます。

なかには大変なご迷惑をおかけすることでしょう。人類の幸せのためには、誰かがしなければならなかったこととしてご寛容ください。神は神性化のため、人間それぞれに試練を与えられます。厳しい神鍛えのなかで、永い間孤独に耐えられたのも、神のアイ・お導きを強く感じたからです。

また、「人類がマコトの赤血球と『アイウエオ』で強く結ばれるより、救いのミチはない。自分にしかできないことをさせていただこう」と決心したからでした。

〝はじめにコトバ（言霊）があった。神はコトバなり〟。ありがとうございました。

参考文献

▽『生命科学と人間』　中村桂子・著、ＮＨＫ市民大学
▽『生命科学の世界』　渡辺格・著、ＮＨＫ市民大学
▽『細胞の社会』　岡田節人・著、講談社ブルーバックス
▽『ＥＳ細胞』　大朏博善・著、文藝春秋文春新書
▽『クローンと遺伝子』　岩崎説雄・著、ＫＫベストセラーズ
▽『複製人間クローン』　熊谷善博・著、飛鳥新社
▽『絵でわかる遺伝子とＤＮＡ』　石浦章一・著、日本実業出版社
▽『遺伝子のしくみと不思議』　横山裕道・著、日本文芸社
▽『生命』　丸山圭蔵・著、共立出版
▽『生命の謎をさぐる』　渡辺格・編著、学陽書房
▽『簡要　血液学』　三浦恭定・監訳、メディカル・サイエンス・インターナショナル
▽『血液の雑学事典』　飛岡健・著、日本実業出版社
▽『生命世界の非対称性』　黒田玲子・著、中公新書
▽『植物的生命像』　古谷雅樹・著、講談社ブルーバックス
▽『生物の雑学事典』　大宮信光・著、日本実業出版社
▽『胎児の世界』　三木成夫・著、中公新書
▽『胎児の環境としての母体』　荒井良・著、岩波新書
▽『生命操作と人間の未来』　毎日新聞一九八一年元旦号
▽『近代科学を超えて』　村上陽一郎・著、日本経済新聞社
▽『新しい科学論—事実は理論をたおせるか』　村上陽一郎・著、講談社ブルーバックス
▽『性の源をさぐる』　樋渡宏一・著、岩波新書
▽『科学の現在を問う』　村上陽一郎・著、講談社現代新書
▽『病原菌はヒトより勤勉で賢い』　本田武司・著、三五館
▽『生命科学の新しい流れ』　山口雅弘・著、同文書院

▽『ウイルスとガン』　畑中正一・著、岩波新書
▽『ウイルスとどうつきあうか』　畑中正一・著、NHKライブラリー
▽『生命進化7つのなぞ』　中村運・著、岩波ジュニア新書
▽「免疫・『自己』と『非自己』の科学」　多田富雄・著、NHK人間大学
▽『生命の起源を探る』　柳川弘志・著、岩波新書
▽『生物進化を考える』　木村資生・著、岩波新書
▽『発生のしくみが見えてきた』　浅島誠・著、岩波書店
▽『試験管のなかの生命』　岡田節人・著、岩波新書
▽『新しい生物学』　野田春彦、日高敏隆、丸山工作・共著、講談社ブルーバックス
▽『ホヤの生物学』　中内光昭・著、東京大学出版会
▽『遺伝子が語る生命像』　本庶佑・著、講談社ブルーバックス
▽『分子生物学入門』　丸山工作・著、講談社ブルーバックス
▽『人体は進化を語る』　坂井建雄・著、ニュートンプレス
▽『図解　そこが知りたい！遺伝子とDNA』　中原英臣・監修、久我勝利・著、かんき出版
▽『生命科学と人間』　中村桂子・著、NHKブックス
▽『進化をどう理解するか』　根平邦人・著、共立出版
▽『がん細胞』　岡田節人・著、東京大学出版会
▽『生物学で楽しむ』　吉野孝一・著、講談社ブルーバックス
▽『教室では教えない植物の話』　岩波洋造・著、講談社ブルーバックス
▽『生殖生物学入門』　舘鄰・著、東京大学出版会
▽『狂牛病ショック』　石原洸一郎、鹿野司・共著、竹書房
▽『生命と地球の歴史』　丸山茂徳、磯崎行雄・共著、岩波新書
▽『地球と生命の起源』　酒井均・著、講談社ブルーバックス
▽『宇宙の果てにせまる』　野本陽代・著、岩波新書
▽『新しい科学史の見方』　村上陽一郎・著、NHK人間大学

▽『生命と自由』　渡辺慧・著、岩波新書
▽『物質の究極は何だろうか』　本間三郎・著、講談社現代新書
▽『生命をつくる物質』　岸本康・著、講談社ブルーバックス
▽『精神と物質』　立花隆、利根川進・共著、文藝春秋
▽『人類究極の選択』　岸根卓郎・著、東洋経済新報社
▽『ここまでわかった作物栄養のしくみ』　高橋英一・著、農文協
▽『クローン技術』　クローン技術研究会著、日本経済新聞社
▽『乳酸菌生成エキスの不思議』　富澤孝之・著、史輝出版
▽『古細菌の生物学』　古賀洋介、亀倉正博・共編、東京大学出版会
▽『細菌の逆襲が始まった』　宮本英樹・著、ＫＡＷＡＤＥ夢新書
▽『腸内細菌の話』　光岡知足・著、岩波新書
▽『栄養士必携』　日本栄養士会・編、第一出版
▽『からだ革命』　原山建郎・著、日本教文社
▽『体によい食事ダメな食事』　幕内秀夫・著、風涛社
▽『ライフスタイル革命』　ハーヴィー・ダイアモンド、マリリン・ダイアモンド・共著、松田麻美子・訳、キングベアー出版
▽『図解　土壌の基礎知識』　前田正男、松尾嘉郎・共著、農山漁村文化協会
▽『地球環境を土からみると』　松尾嘉郎、奥薗寿子・共著、農文協
▽『遺伝子組み換え食品の危険性』　緑風出版編集部・編、緑風出版
▽『遺伝子組み換え食品がわかる本』　村田幸作、清水誠・共編著、法研
▽『遺伝子組換え食品』　日本農芸化学会・編、学会出版センター
▽『遺伝子組み換え作物に未来はあるか』　柳下登・監著、塚平広志、杉田史郎共著、本の泉社
▽『禁断の革命』　渡辺雄二・著、デジタルハリウッド出版局
▽「生命誕生の神秘」・「徹底解明宇宙の果て」　Ｎｅｗｔｏｎ一九九七年・三月号　ＫＹＯＩＫＵＳＨＡ
▽「地球創造の一五〇億円」　Ｎｅｗｔｏｎ一九九八年・三月号　ニュートンプレス
▽「食べ物がもつ生命力」（医・食の新しい潮流）　伊藤慶二・文　「正食」（一九九八年・六月号）、正食協会

▽『左回り健康法則』　亀田修・著、ワニの本、ＫＫベストセラーズ
▽『かたちと空間―多次元世界の軌跡』　宮崎興二・著、朝倉書店
▽『環境ホルモンという名の悪魔』　ひろたみを・著、廣済堂出版
▽『奪われし未来』　シーア・コルボーン、ダイアン・ダマノスキ、ジョン・ピーターソン・マイヤーズ・共著、翔泳社
▽『メス化する自然』　デボラ・キャドバリー・著、井口泰泉・監修、集英社
▽『環境ホルモンの恐怖』　環境ホルモン汚染を考える会・著、井口泰泉・監修、ＰＨＰ研究所
▽『環境ホルモン入門』　立花隆、東京大学教養学部立花隆ゼミ・共著、新潮社
▽『気のつくり方・高め方』　佐々木茂美・著、ごま書房
▽『気がもっとわかる本』　佐々木茂美・著、ごま書房
▽『気と人間科学』　湯浅泰雄編、石川光男・著、平河出版社
▽『日本人の脳、続日本人の脳』　角田忠信・著、大修館書店
▽『世界謎の超文明―超古代文明』　斎藤守弘、金森誠也・共著、新人物往来社
▽『謎の竹内文書』　佐治芳彦・著、徳間書店
▽『ふしぎな記録第三巻』　浅見宗平・著、自由宗教一神会出版部
▽『象学・運命の構造』　長武寛・著、平河出版社
▽『日本ピラミッド超文明』　伊集院卿、太平光人・共著、学習研究社
▽『密教占星術Ⅱ』　桐山靖雄・著、平河出版社
▽『言霊―ホツマ』　鳥居礼・著、たま出版
▽『出口王仁三郎　三千世界大改造の真相』　中矢伸一・著、ＫＫベストセラーズ
▽『日月神示―神一厘のシナリオ、日月神示』中矢伸一・著、徳間書店
▽『法滅尽経』　由木義文・著、大蔵出版
▽『ＮＨＫ日本のうたふるさとの歌』　講談社
▽『わらべ歌風土記㊦』　浅野建二・著、塙書房
▽『復活！ピラミッドパワー』　ピラミッド情報班・著、ウィーグル
▽『大予言事典』　学習研究社

▽『易が語る語源の神秘』　児井英義・著、共栄書房
▽『ピラミッドの謎』　吉村作治・著、講談社現代新書
▽『易経の謎』　今泉久雄・著、光文社
▽『キリストは日本で死んでいる』　山根キク・著、たま出版
▽『言霊姓名判断』　坂口光男・著、ＫＫロングセラーズ
▽『超古代日本語が地球共通語だった！』　吉田信啓・著、徳間書店
▽『超古代日本は世界の臍だった』　吉田信啓・著、文化評論出版
▽『新約聖書』　日本聖書協会
▽『コトバの原典』　松下井知夫、大平圭拮・共著、東明社
▽『甦る未来』　比嘉照夫・著、サンマーク出版
▽『微生物の農業利用と環境保全』　比嘉照夫・著、農山漁村文化協会
▽『地球を救う大変革』　比嘉照夫・著、サンマーク出版
▽『地球を救う大変革２』　比嘉照夫・著、サンマーク出版
▽『地球を救う大変革３』　比嘉照夫・著、サンマーク出版
▽『マンガ地球を救う大変革』　比嘉照夫・監修、川上ケイ原作、林伸彦・画、サンマーク出版
▽『ＥＭ環境革命』　比嘉照夫・監修、綜合ユニコム
▽『ＥＭ産業革命』　比嘉照夫・監修、綜合ユニコム
▽『ＥＭ医学革命』　比嘉照夫・監修、綜合ユニコム
▽『微生物が文明を救う』　比嘉照夫、渡部昇一・共著、ＰＨＰ研究所
▽『ガンの疫学と血液』　千島喜久男・著、地湧社
▽『血液と健康の知恵』　千島喜久男・著、地湧社
▽『蘇生ＥＭ海塩の驚異』　比嘉照夫、知念隆一・共著、綜合ユニコム
▽『水からの伝言』　江本勝・著、波動教育社
▽熊本日日新聞　▽朝日新聞　▽日本経済新聞

●著者紹介
福島教義（ふくしま　のりよし）
昭和24年に熊本日日新聞社に入社。取材部、校閲部を経て、定年退職。その後、生命科学等に興味をもち、研究を続け、当書を完成するに至る。

言霊《ことだま》で解く　ミロクの大原理

2006年6月8日　初版第1刷発行

著　　者　福島教義
発 行 者　韮澤潤一郎
発 行 所　株式会社たま出版
〒160-0004　東京都新宿区四谷4－28－20
☎03-5369-3051（代表）
http://tamabook.com
振替　00130-5-94804

印 刷 所　神谷印刷株式会社

ISBN4-8127-0209-7 C0011